Sandmännchens Geschichtenbuch

60 Gutenachtgeschichten
Erzählt von Gina Ruck-Pauquèt
Gemalt von Pepperl Ott

Otto Maier Verlag
Ravensburg

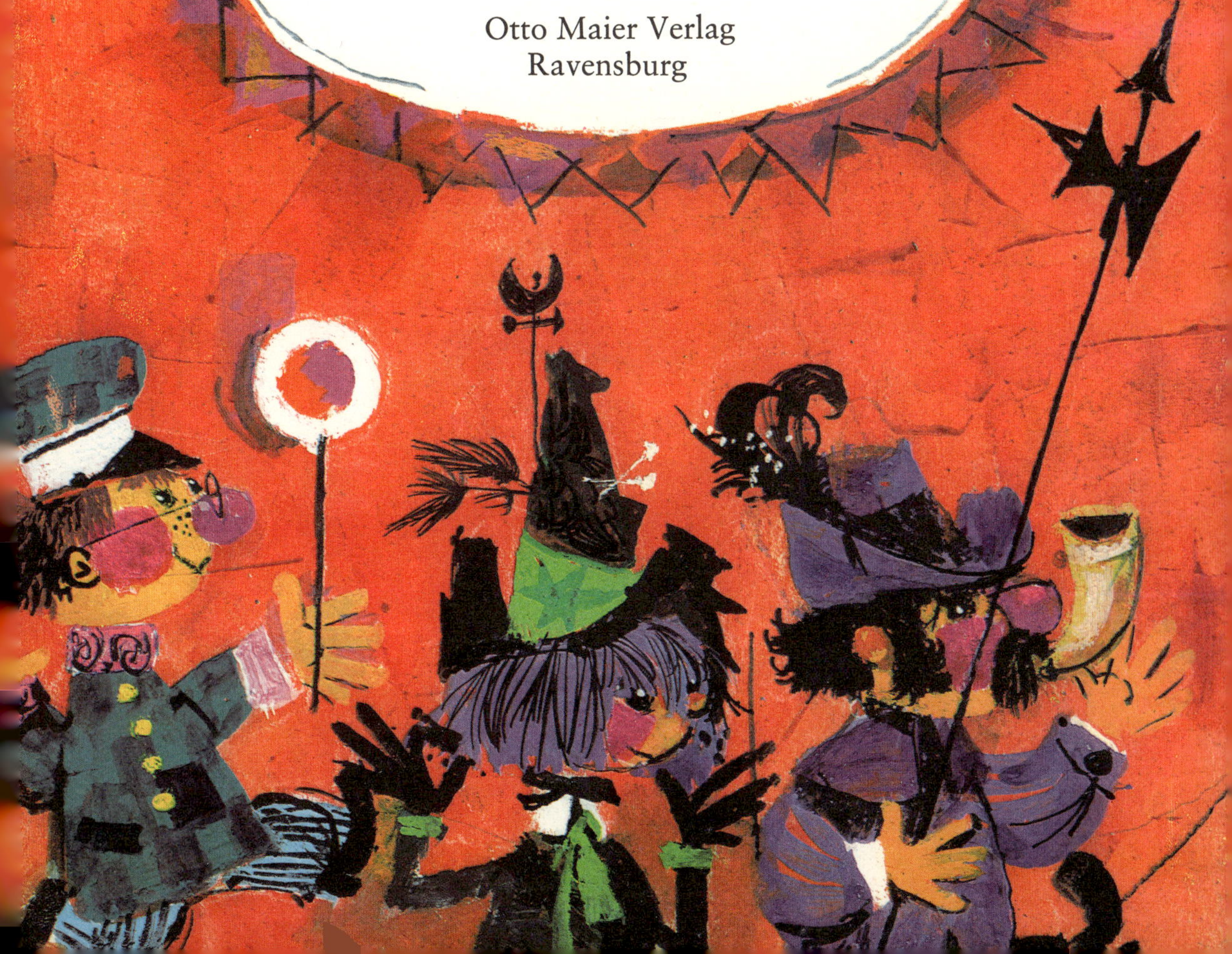

Der kleine Nachtwächter

Der kleine Nachtwächter und die Luftballons

An einem Sommerabend, an dem die Luft so warm war wie ein Federbett, ging der kleine Nachtwächter mit seiner Laterne durch den schlafenden Ort. Alles schien wie immer zu sein. Doch als er an das Haus kam, in dem das Luftballonmädchen wohnt, sah er, daß die vielen bunten Luftballons draußen an einen Baum angebunden waren.

»So ein Leichtsinn!« brummte der kleine Nachtwächter. »Wenn es Regen gibt, werden sie naß.« Und er beschloß, die Luftballons ins Haus zu tragen.

Aber weil er sie alle auf einmal losband, geschah etwas Merkwürdiges: Die Ballons hoben den kleinen Nachtwächter sachte vom Boden weg und stiegen mit ihm in die Luft.

»Oh!« rief der kleine Nachtwächter. »Halt!«

Doch da schwebte er auch schon mindestens drei Meter über der Erde. Immer höher trieben die Luftballons, und es dauerte nicht lange, da schwebte der kleine Nachtwächter über den Dächern der Häuser. Zuerst hatte er natürlich ein bißchen Angst, aber dann machte es ihm Spaß, so dahinzusegeln und die Welt aus der Höhe betrachten zu können. Von oben sah alles sehr klein aus – die Bäume, die Gartenzäune und die Katzen, die über die Dächer spazierten.

»Schön' guten Abend«, rief der kleine Nachtwächter, und er winkte dem Mond, dem er nun näher war als je zuvor.

Aber als der kleine Nachtwächter eine Weile dahingeschwebt war, wollte er gerne wieder auf die Erde zurück. Doch so sehr er auch zappelte und strampelte – er blieb in der Luft. Da wurde er traurig, und er weinte so viele Tränen, daß die Blumen glaubten, es regne.

Als endlich die Morgendämmerung kam, wachten die Leute auf. Sie wuschen sich den Hals und die Ohren, und dann gingen sie hinaus, um nach dem Wetter zu sehen.

»O große Not!« rief die Blumenfrau. »Der kleine Nachtwächter fliegt am Himmel umher!« Da blickten die Leute erschrocken zum Himmel, und es lief ihnen eiskalt den Rücken hinunter.

Doch das Luftballonmädchen wußte Rat. »Kleiner Nachtwächter«, rief es, »laß die Luftballons los, immer einen nach dem anderen!«
Zuerst ließ der kleine Nachtwächter einen grünen Luftballon los, dann einen roten, einen gelben und immer so weiter. Und jedesmal sank er ein Stückchen tiefer, bis er endlich mit dem letzten Ballon wohlbehalten auf der Erde stand.
»Hurra!« riefen die Leute. »Der kleine Nachtwächter ist wieder da!«
Die bunten Luftballons aber schwebten noch viele Tage über den Dächern dahin.

Der kleine Nachtwächter und der Hahn

Oft können viele Nächte vergehen, ohne daß etwas geschieht. Dann läßt der kleine Nachtwächter den Schein seiner Laterne durch die Gassen wandern und ist zufrieden.
»Die Menschen und die Tiere schlafen«, denkt er, »und das ist ein Zeichen dafür, daß ich ein guter Nachtwächter bin.«
Einmal jedoch, als der Mond rund und golden aussah wie ein Pfannkuchen, wachte der weiße Hahn auf.
Zuerst blinzelte er mit dem linken Auge, dann mit dem rechten, und als er sah, daß es hell war, glaubte er, der Tag sei gekommen.
»Kikeriki!« schrie der weiße Hahn. »Kikeriki!«
Und sogleich erwachten alle Hühner, plusterten sich und begannen im Sand zu scharren. Natürlich lief der kleine Nachtwächter so schnell er konnte zum Hühnerstall.
»Sei still«, sagte er zum weißen Hahn. »Du mußt schlafen, es ist Nacht.«
Aber der Hahn wollte das nicht glauben. Lag nicht das Dorf im strahlenden Licht? Er flatterte auf den Misthaufen, breitete die Flügel aus und krähte.

»Oh«, sagte der kleine Nachtwächter ärgerlich, »du wirst mir alle Leute aufwecken!«
Und er fand, daß es höchste Zeit war, etwas zu unternehmen. Er holte eine Leiter, stieg auf das Dach seines Hauses und versuchte, den Mond mit seinem Taschentuch zu verhängen, damit es dunkel würde. Fast hätte er es auch geschafft. Aber der Mond stand ein kleines bißchen zu hoch, und so konnte er ihn nicht erreichen.
»Kikeriki!« schrie der weiße Hahn.
»Was soll ich nur tun?« dachte der kleine Nachtwächter.
Und weil ihm nichts Besseres einfiel, nahm er den Hahn auf seine Arme und wiegte ihn in den Schlummer.
»Schlafe, schlafe weißer Hahn«, sang der kleine Nachtwächter, »der Tag, der fängt noch lang nicht an.«
Da schlief der Hahn wahrhaftig ein. Aber sooft der kleine Nachtwächter auch versuchte, ihn behutsam in seinem Stall abzusetzen, riß er gleich den Schnabel auf und begann zu krähen. Da blieb dem kleinen Nachtwächter nichts anderes übrig, als den Hahn mit auf seine Runde zu nehmen. Stunde um Stunde trug er ihn, und all die weißen Hühnchen liefen hinter ihnen her.
In der Morgenfrühe, als die Leute aufstanden, fanden sie den kleinen Nachtwächter am Wegrand, und selbst im Schlaf hielt er noch den weißen Hahn in seinen Armen. Die Hühnchen aber saßen im Kreis herum und hatten die Köpfchen in ihre Federn gesteckt.

Der kleine Nachtwächter und die Blumen

Wenn der kleine Nachtwächter mit seiner Laterne kommt, wissen die Leute, daß sie nun ins Bett gehen müssen. An einem Abend jedoch lief die Blumenfrau im Nachthemd noch einmal hinaus.
»Es wird Regen geben«, sagte sie, und sie holte alle ihre Blumen und stellte sie in ihren Töpfen vor die Tür.

Sooft der kleine Nachtwächter in dieser Nacht am Haus der Blumenfrau vorbeiging, wünschte er, es möge nun endlich regnen. Aber es regnete nicht. Da wurde der kleine Nachtwächter traurig.

»Die Blumen werden verwelken«, dachte er.

Und weil er das nicht zulassen durfte, schöpfte er mit seiner Mütze Wasser aus dem Dorfteich und begann die Blumen zu gießen. Wieder und wieder mußte der kleine Nachtwächter zum Dorfteich laufen. Einmal schwamm in seiner Mütze ein Fisch.

»Oh«, sagte der kleine Nachtwächter erschrocken. »Verzeihung.«

Und er warf den Fisch in den Teich zurück.

Als der kleine Nachtwächter dreiundsiebzig Nachtwächtermützen voll Wasser geholt hatte, waren endlich alle Blumen gegossen. Da verschränkte er die Arme vor dem Bauch und freute sich. Aber leider sollte er sich nicht lange freuen, denn plötzlich begann es zu regnen. Zuerst regnete es nur ein bißchen, dann ein bißchen mehr, und schließlich regnete es so stark, daß der kleine Nachtwächter Angst bekam.

»Die Blumen werden ertrinken«, dachte er. »Aufhören!« rief er dem Regen zu, und er schüttelte seine Faust.

Aber der Regen stellte sich taub.

Fast hätte der kleine Nachtwächter geweint. Doch weil das auch nicht geholfen hätte, ließ er es lieber. Er ging nach Hause und holte seinen Schirm.

»Ich will euch beschützen«, sagte er zu den Blumen.

Und er spannte den Schirm auf und hielt ihn über sie. Stunde um Stunde stand der kleine Nachtwächter so, einmal auf dem linken und einmal auf dem rechten Bein. Der Regen aber lief ihm zum Kragen herein und bei den Hosenbeinen wieder hinaus.

Gegen Morgen ließ es endlich nach. Da klappte der kleine Nachtwächter den Schirm wieder zu und schlich sich pitschnaß nach Hause. Doch als er endlich in seinem Bett lag, war er glücklich.

»Seht nur, wie schön meine Blumen sind!« rief die Blumenfrau. »Ich habe sie in den Regen gestellt.«

Was aber in dieser Nacht wirklich geschehen war, das haben die Leute niemals erfahren.

Der kleine Nachtwächter und der Bär

Als die Dämmerung kam, saßen die Leute vor ihren Häusern und erzählten von alten Zeiten. Der Drehorgelmann, der Bauer, die Blumenfrau, das Luftballonmädchen und der Dichter.
»Wölfe und Bären gab es damals«, sagte der Bauer, und dann mußte er gähnen.
Und weil die anderen Leute auch müde waren, gingen sie alle zu Bett. Der kleine Nachtwächter blieb allein zurück. Er begrüßte den Mond, schaute den eiligen Wolken nach und machte seine Runde. Doch als er eben um die Ecke biegen wollte, stand plötzlich ein Bär vor ihm.
»Es gibt keine Bären mehr«, dachte der kleine Nachtwächter, und er schloß die Augen. Aber als er sie wieder öffnete, war auch der Bär wieder da. »Guten Abend, Bär«, sagte der kleine Nachtwächter freundlich. »Kommst du aus den alten Zeiten?«
»Brumm«, entgegnete der Bär, und das konnte ja oder nein heißen.
Er schüttelte sein zottiges, braunes Fell und wanderte durch das Dorf. Und der kleine Nachtwächter ging immer hinter ihm her. Als der Bär zum Dorfteich kam, betrachtete er lange sein Spiegelbild im Wasser.
»Du bist ein hübscher Bär«, sagte der kleine Nachtwächter, denn zu Gästen muß man höflich sein. »Aber komm lieber da fort, sonst fällst du noch hinein!«
Da wandte der Bär sich ab und tapste zu den Häusern hinüber. Er steckte seinen dicken, braunen Kopf in die Fenster und schaute sich die Leute an.
»Oh«, sagte der kleine Nachtwächter, »wenn sie aufwachen und dich sehen, werden sie sehr erschrecken, denn sie sind keine Bären gewöhnt. Komm lieber da fort!«
Da wandte der Bär sich ab und lief in den Blumengarten. Und weil ihm die weißen Rosen so sehr gefielen, begann er sie aufzufressen.
»Nein!« rief der kleine Nachtwächter entsetzt. »Das ist verboten. Komm da fort!«

Da wandte sich der Bär zum drittenmal ab. Und diesmal war er traurig.

»Warte«, sagte der kleine Nachtwächter.

Er zog seinen Kamm aus der Tasche und blies darauf eine kleine Melodie. Der Bär spitzte die Ohren, dann stellte er sich auf die Hinterbeine und begann zu tanzen. Immer fröhlicher wurde er. Und weil Fröhlichkeit mindestens so ansteckend ist wie die Masern, wurde auch der kleine Nachtwächter ganz vergnügt. Er packte den braunen Bären bei den Pfoten und tanzte mit. Linksherum tanzten sie, rechtsherum und im Kreise.

In der Früh, als der Morgen über die Dächer stieg, ließ der kleine Nachtwächter den Bären los.

»Ich will die Leute holen«, sagte er. »Sie müssen sich an dich gewöhnen, denn du bist mein Freund.«

Doch als er den Leuten den Bären zeigen wollte, war er verschwunden.

»Vielleicht habe ich den Bären nur geträumt«, meinte der kleine Nachtwächter, und er lächelte ein wenig. »Aber wenn ich es will, wird er immer wieder bei mir sein, denn er ist mein Freund. Ich brauche nur die Augen zu schließen und an ihn zu denken.«

Der kleine Nachtwächter und die Schäfchen

Der Tag war gut und freundlich gewesen. Der Drehorgelmann hatte seine schönsten Melodien gespielt, das Luftballonmädchen hatte sechsundzwanzig bunte Luftballons aufgepustet, der Dichter viele Blätter voll Gedichte gekritzelt, der Bauer hatte zugeschaut, wie das Gras wächst, und die Blumenfrau hatte ihre Blumen begossen. Nun war es Abend. Da zündete der kleine Nachtwächter seine Laterne an.

»Gute Nacht«, sagten die Leute, und der Bauer fügte hinzu: »Morgen will ich die Dorfwiese mähen.«

»Schlaft gut«, entgegnete der kleine Nachtwächter. »Und laßt eure Fenster offen, damit der Nachtwind die Träume zu euch hereinwehen kann.«

Dann machte er seine Runde. Er streichelte die kleinen Katzen, die ihm begegneten, grüßte den Wachhund und winkte dem Käuzchen zu. Doch als er eben darüber nachdenken wollte, warum wohl die Eichhörnchen so buschige Schwänze haben, schreckte ihn etwas auf. Es klang wie das Getrappel vieler kleiner Füße.

Da blickte der kleine Nachtwächter sich um und sah eine riesige Schafherde.

»Oh«, sagte er. »Guten Abend.«

»Mäh«, machten die Schafe, und sie kamen näher und schlossen ihn ein wie ein wogendes, weißes Meer.

Und ein ganz kleines Lamm knabberte sogar ein bißchen an seiner Laterne. Zuerst freute sich der kleine Nachtwächter über den Besuch. Als aber die Schafe zur Dorfwiese liefen, bekam er einen Schreck.

»Bitte«, rief er, »knabbert nicht die Wiese leer. Der Bauer will sie morgen mähen.«

Doch die Schafe kümmerten sich nicht um ihn. Sie zupften alle Grashalme ab, und das ganz kleine Lamm fraß die goldenen Butterblumen. Der kleine Nachtwächter war schrecklich unglücklich. Aber es sollte noch schlimmer kommen! Als die Schafe satt waren, gingen sie

zum Dorfteich und tranken ihn leer. Das ganz kleine Lamm schluckte den allerletzten Tropfen.
Da setzte sich der kleine Nachtwächter an den Straßenrand und vergrub voller Verzweiflung sein Gesicht in den Händen. Stunde um Stunde saß er so.
Als er endlich im Morgengrauen aufstand und um sich blickte, waren die Schafe verschwunden. Die Wiese jedoch stand voll von duftendem Gras, und der Weiher hatte so viel Wasser, daß er beinahe überlief.
»Oh«, sagte der kleine Nachtwächter, und er konnte es nicht verstehen.
Doch als er emporsah, fand er den Himmel voller Schäfchenwolken. Und es war ihm, als blinzele ihm die kleinste zu.

Der kleine Nachtwächter und die Schneemänner

Im Winter, als der erste Schnee gefallen war, machten die Leute eine Schneeballschlacht. Hin und her sausten die Bälle, und den Dichter traf einer mitten auf die Nase.
»Nun ist es genug«, meinte endlich die Blumenfrau.
Da sagten die Leute einander gute Nacht und gingen zur Ruhe.
»Wer macht schon mit mir eine Schneeballschlacht?« dachte der kleine Nachtwächter, als er einsam die Gassen entlangwanderte.
Und weil niemand da war, baute er sich einen Schneemann.
»Wir machen eine Schneeballschlacht!« rief er dem Schneemann zu.
Der Schneemann stand ganz still. Da formte der kleine Nachtwächter dicke, feste Schneebälle und begann ihn zu bewerfen.
Aber bald machte es ihm keinen Spaß mehr.
»Es ist nicht richtig, daß ich gegen ihn kämpfe«, dachte er, und er kratzte sich hinterm rechten Ohr. »Ein Schneemann kann sich nicht wehren.«

Nein, da wollte er lieber noch mehr Schneemänner bauen! Für jeden im Dorf einen. Es war eine sehr anstrengende Arbeit, und der kleine Nachtwächter wurde ordentlich müde dabei. Aber schließlich waren vier große, schöne Schneemänner fertig.
»Nun noch einen für das Mädchen mit den Luftballons«, dachte der kleine Nachtwächter bei sich.
Doch bevor er noch angefangen hatte, wurde seine Müdigkeit so groß, daß er einschlief. Sachte und unaufhörlich schneite es auf ihn herab, aber der kleine Nachtwächter merkte nichts davon. Er träumte, daß die Schneemänner Reigen tanzten.
Als die Leute früh am Morgen aufstanden, konnten sie nicht hinaus, denn der kleine Nachtwächter hatte die Schneemänner versehentlich genau vor ihre Türen gestellt. Aber da stiegen sie einfach durch die Fenster, und sie freuten sich trotzdem sehr.
»So hübsche Schneemänner!« riefen sie.
Und das Mädchen mit den Luftballons meinte: »Meiner ist der schönste!«
Sie konnte ja nicht ahnen, daß ihr Schneemann in Wirklichkeit der kleine Nachtwächter war.
Aber es dauerte nicht lange, da wachte der kleine Nachtwächter auf. »Hatschi!« machte er, und er krabbelte unter dem Schnee hervor.
»Oje!« riefen die Leute erschrocken, und als sie sich ein bißchen erholt hatten, kochten sie ihm schnell eine große Kanne Tee.
So hat sich der kleine Nachtwächter auch wirklich nicht erkältet. Und in der nächsten Nacht hat er dem Mädchen mit den Luftballons einen Schneemann gebaut.

Der kleine Nachtwächter hat Geburtstag

Als der kleine Nachtwächter Geburtstag hatte, dachten die Leute sich etwas Besonderes aus.

»Kleiner Nachtwächter«, sagte die Blumenfrau, »heute sollst du einmal die ganze Nacht schlafen. Wir werden für dich Wache halten.«

Und die anderen nickten dazu.

Da freute sich der kleine Nachtwächter, und er legte sich in sein Bett. Aber schlafen konnte er leider trotzdem nicht, denn er war ja gewohnt, des Nachts umherzugehen.

Die Leute zündeten Lichter an und verteilten sich im Dorf. Das Luftballonmädchen schaute nach, ob alle Fenster geschlossen waren,

der Drehorgelmann leuchtete in den Brunnen, der Dichter ging den Hügel hinauf, die Blumenfrau lief durch den Garten, und der Bauer spazierte die Wiesen entlang. »Es ist alles in Ordnung«, riefen sie sich gegenseitig zu.
Doch weil sie so viel Lärm machten, wachten die Tiere auf und steckten die Köpfe zum Stallfenster hinaus.
»Die Tiere können nicht schlafen«, sagte die Blumenfrau. »Wir müssen es dem Bauern sagen.«
Doch der Bauer war nicht da. Und so sehr sie ihn auch suchten, sie fanden ihn nicht.
»Die Tiere können nicht schlafen, und der Bauer ist fort«, seufzte der Drehorgelmann. »Was sollen wir bloß tun?«
»Seht nur!« schrie da plötzlich das Luftballonmädchen, und sie zeigte auf das Spiegelbild des Mondes im Wasser. »Der Mond ist in den Dorfteich gefallen!«
»Oh, große Not!« rief der Dichter. »Wir müssen ihn retten!« Und er lief und holte ein Netz.
Aber so sehr sich die Leute auch bemühten, den Mond aus dem Dorfteich zu fischen, es wollte ihnen nicht gelingen. Da wußten sie keinen anderen Rat, als den kleinen Nachtwächter zu wecken.
»Kleiner Nachtwächter«, sagten sie aufgeregt, »der Bauer ist fort, die Tiere wollen nicht schlafen, und der Mond ist in den Dorfteich gefallen.«
»Oh«, sagte der kleine Nachtwächter, und er lächelte ein wenig.
Er zog seine Stiefel an, nahm die Laterne und ging hinaus. Zuerst fand er den Bauern. Er lag in einem Heuhaufen und schnarchte. Dann streichelte er die Tiere und wünschte ihnen eine gute Nacht. Und als die Tiere sahen, daß der kleine Nachtwächter wieder da war, legten sie sich hin und schliefen augenblicklich ein.
»Aber der Mond?« fragten die Leute. »Was wird mit dem Mond?«
»Der Mond nimmt ein Bad«, sagte der kleine Nachtwächter. »Um den Mond braucht ihr euch nicht zu sorgen. Er weiß seine Wege.«
Und er schickte die Leute ins Bett.
Dann machte er seine Runde wie alle Tage. Nur, daß er heute ganz besonders glücklich war. Und ein bißchen stolz war er auch.

Der kleine Zauberer

Der kleine Zauberer zaubert die ganze Welt

Hinter den Bergen, bei den blauen Tannen, dort, wo die struppigen Raben ihre Rabenlieder krächzen, lebt der große Zauberer. Er wohnt im Wipfel eines uralten Baumes, und wenn es regnet, zaubert er sich ein Haus. Er braucht nur ›Hokuspokus Simsalabim‹ zu sagen. So einfach ist das.

»Hör zu«, sprach der große Zauberer eines Tages zum kleinen Zauberer, der sein Lehrling war. »Ich habe dir neunundneunzig mondhelle Nächte lang alles beigebracht, was ich wußte. Nun gehe in die Welt hinaus und zeige, was du kannst.«

Da schnürte der kleine Zauberer sein Bündel. Den Zauberstab packte er ein, ein Paar warme Socken und eine Handvoll kluger Gedanken.

»Doch bevor du gehst, will ich dich noch einmal prüfen«, fuhr der große Zauberer fort. »Hier vor meinen Augen sollst du eine Sonnenblume wachsen lassen. Eine große, zu der man emporschauen kann, und an der man sich freut, wenn der Himmel grau ist.«

»Wenn es weiter nichts ist«, sagte der kleine Zauberer, »Hokuspokus Samsalabum!«

Aber weil das nicht ganz stimmte, wuchs nun auch nicht etwa eine Sonnenblume, sondern ein winziges Gänseblümchen hob sein Gesicht aus dem Gras. Da schüttelte der große Zauberer den Kopf, daß ein Sturm aufkam und die Bäume sich bogen.

»Abrakadabra«, sprach er, »du mußt noch vieles lernen. Aber nun geh!«

Und er warf ihm drei Rabenfedern nach. Die sollten ihm Glück bringen. So machte sich der kleine Zauberer auf den Weg.

»Hokuspokus Vielerlei«, sang er vor sich hin. »Endlich, endlich bin ich frei.«

»Wer bist du?« fragten ihn die Tiere und kamen neugierig näher.

»Ich bin ein Zauberer«, antwortete er, und er stellte sich auf die Zehenspitzen, damit er ein bißchen größer aussah.

»Oh«, sagte der Hase, »kannst du mir bitte eine Mohrrübe zaubern?«
»Das wäre eine Kleinigkeit«, entgegnete der kleine Zauberer. »Aber mein erster Zauber soll etwas Besonderes sein.«
»Vielleicht ein paar Löwenzahnblättchen?« meinte das Reh. »Süß wie der Regen im Sommer?« Und das Eichhörnchen wollte goldene Nüsse. Doch der kleine Zauberer war nicht einverstanden.
»Nein«, meinte er. »Ich werde etwas zaubern, das größer ist als alle eure Wünsche. Ich zaubere die ganze Welt!«
»Die Welt?« stammelte der Igel. »Aber die ist doch schon da!«
»So?« sagte der kleine Zauberer. »Dann macht einmal eure Augen zu.«
Da schlossen die Tiere ihre Augen.
»Alles ist fort!« riefen sie. »Die Bäume, die Sträucher, der Bach und der Himmel mit seinen himbeerroten Wölkchen!«
»Seht ihr«, sprach der kleine Zauberer, und er hob die Stimme, »Hokuspokus Simsalabim! Und jetzt«, fügte er hinzu, »dürft ihr die Augen wieder öffnen!«
Da schlugen die Tiere die Augen auf.
»Oh«, staunten sie, »die Welt ist wieder da! Der kleine Zauberer hat die ganze Welt gezaubert!« Und sie waren so glücklich wie schon lange nicht mehr.

Der kleine Zauberer und die Vogelscheuchen

Der kleine Zauberer geht durch die Welt. Über die Berge wandert er, an den Flüssen vorbei, durch die hellen Birkenwälder, immer weiter im warmen Sonnenschein. Und wenn es regnet, spannt er sein Schirmchen auf.
»Guten Tag«, rufen die Tiere, wenn sie ihn sehen. Die Fische heben ihre Köpfe aus dem Wasser, die Maulwürfe buddeln sich schnell ans

Tageslicht, die Eichhörnchen werfen ihm Nüsse zu, und die Vögel fliegen ein Stückchen mit.

Der kleine Zauberer kennt sie alle. Die Frösche, die am Teich ihre Feste feiern, die Katzen, deren Augen in den Nächten leuchten wie Laternen, die Rehe und die flinken Füchse.

Eines Tages aber ist er zwei seltsamen Wesen begegnet. Er hatte sie nie zuvor gesehen. Sie standen im Roggenfeld und seufzten im Wind.

»Wer seid ihr?« fragte der kleine Zauberer.

»Wir sind die Vogelscheuchen«, antworteten die beiden zerzausten Gestalten. »Ach, großer Jammer, großes Leid.«

»Warum seid ihr denn traurig?« wollte der kleine Zauberer wissen.

»Alle Tage stehen wir hier«, klagten die Vogelscheuchen. »Wie schön wäre es, wenn wir ein bißchen fliegen könnten.«

Da lächelte der kleine Zauberer. Er berührte sie mit seinem Stab und sprach den Zauberspruch. Und schon hoben die Vogelscheuchen ihre zerrissenen Ärmel und stiegen hoch in die Luft. Sie schwebten flatternd über dem Roggenfeld und schlugen vor Freude Purzelbäume. Und das sah so komisch aus, daß der kleine Zauberer lachen mußte.

Plötzlich aber eilten alle Vögel herbei und umschwirrten den kleinen Zauberer. Sie setzten sich auf seine Schultern und auf seinen Kopf.

»Du darfst es nicht zulassen, daß die Vogelscheuchen durch die Luft fliegen!« piepsten sie aufgeregt. »Wir fürchten uns vor ihnen.«

Und noch ehe der kleine Zauberer antworten konnte, stapfte mit großen Schritten der Bauer heran.

»Hol die Vogelscheuchen zurück!« verlangte er. »Augenblicklich! Sie sind bei mir im Dienst, und ich will, daß sie im Roggen stehen!«

»Nun gut«, sagte der kleine Zauberer. »Hokuspokus Sim!«

Und weil er den Zauberspruch nicht zu Ende sprach, blieb ein winziger Zauber an den Vogelscheuchen haften. Zwar kehrten sie ins Roggenfeld zurück, und da stehen sie nun wieder alle Tage und seufzen im Wind. In den Nächten aber, wenn die Menschen und die Tiere schlafen, heben sich die Vogelscheuchen in die Luft und tanzen unter den Sternen. Niemand weiß etwas davon – nur der Mond. Und der sagt es nicht weiter.

Der kleine Zauberer und die Leute

Die schönste Straße, die der kleine Zauberer je gesehen hatte, war die Apfelbaumstraße. Stundenlang ging er auf ihr dahin. Er schaute zu, wie der Wind die Äpfel schaukelte, und wenn einer von ihnen heruntersprang, durfte der kleine Zauberer ihn essen. Einmal aber war die Straße zu Ende, und er stand in einem Dorf.

»Hübsch habt ihr es hier«, sagte der kleine Zauberer zu den Leuten, die im Dorf wohnten.

Aber die Leute waren unzufrieden.

»Uns gefällt es nicht«, murrten sie. »Alles müßte anders sein.«

»Die Pferde sind zu langsam«, meinte der eine.

»Und die Bäume zu hoch«, meinte ein anderer.

»Die Häuser stehen immer auf dem gleichen Fleck«, beschwerte sich

ein dritter, und ein vierter glaubte, die Katzen seien zu groß und die Mäuse zu klein.

Da beschloß der kleine Zauberer, den Leuten zu helfen. Er holte seinen Zauberstab hervor und begann zu zaubern.

»Hokuspokus Simsalabim«, sprach er, und schon hatten die Pferde sechs Beine.

Die Häuser hüpften durch die Luft, immer von einem Platz zum anderen, und die Bäume schrumpften zusammen, bis sie so klein waren wie Rosenstöcke. Die Mäuse wuchsen und wuchsen, und die Katzen wurden so winzig, daß sie sich im Schatten der Gänseblümchen verstecken konnten.

Da klatschten die Leute in die Hände und freuten sich. Doch als die Männer die Pferde vor die Wagen spannen wollten, konnten sie sie nicht fangen, denn die Pferde liefen auf ihren sechs Beinen windstoßflink davon. Und die Frauen begannen um die Häuser zu strei-

ten. Denn weil die Häuser nun nie auf dem gleichen Fleck standen, verwechselten sie sie ständig miteinander. Die Kinder konnten plötzlich die Äpfel an den kleinen Bäumen erreichen, und sie aßen so viele, daß sie Bauchweh bekamen. Die Mäuse weinten riesengroße Tränen, weil sie nicht mehr in ihre Mauselöcher paßten. Und die winzigen Katzen fürchteten sich so vor den Vögeln, daß sie die ganze Zeit die Augen geschlossen hielten. Wenn die Katzen ihre Augen schließen, halten sie sich nämlich für unsichtbar.

»Hilf uns, kleiner Zauberer!« riefen die Leute. »So geht es nicht!«

Da nahm der kleine Zauberer den ganzen Zauber zurück. Er stellte die Häuser an ihren Platz, ließ die Bäume in die Höhe wachsen, die Pferde bekamen wieder vier Beine wie früher, die Katzen nahmen ihre alte Gestalt an, und die Mäuse wurden wieder so klein, wie es sich für Mäuse gehört.

Die Leute im Dorf aber sind von diesem Tage an immer zufrieden gewesen, denn sie hatten eingesehen, daß alles ganz richtig ist – so, wie es ist. Die Tiere, die Pflanzen und jedes Ding auf dieser Welt.

Der kleine Zauberer und der Kirschbaum

Früh am Morgen hatte der kleine Zauberer das Eichhörnchen in seiner Tannenbaumwohnung besucht. Und mittags, als es so heiß war wie in Afrika, zauberte er sich ein Schirmchen gegen die Sonne und ging damit spazieren.

Jetzt war es Abend geworden, und der kleine Zauberer war müde und hungrig. So legte er sich unter den Jasminstrauch mit dem süßen Duft und ruhte ein bißchen aus.

»Kleiner Zauberer«. hörte er plötzlich eine Stimme.

»Ja?« sagte der kleine Zauberer.

Er schlug die Augen auf und sah, daß die Amsel neben ihm saß.

»Ich weiß was!« zwitscherte die Amsel.

»Was weißt du?« fragte der kleine Zauberer neugierig.
»Ich weiß, wo ein Kirschbaum steht«, tuschelte ihm die Amsel ins Ohr, »mit reifen, saftigen Kirschen.«
Da stand der kleine Zauberer auf und ließ sich von der Amsel zum Kirschbaum führen.
»Oh, wie fein!« rief der kleine Zauberer, als er die vielen Kirschen sah, und weil sein Magen knurrte wie ein verärgerter Pudelhund, kletterte er schnell den Baum hinauf. Aber kaum hatte er eine Kirsche gegessen, da erschien unten eine dicke Frau und begann zu schimpfen.
»Du naschst meine Kirschen!« rief sie wütend. »Komm sofort herunter!«
Und dabei fuchtelte sie mit einem Kochlöffel herum.
»Verzeihung«, sagte der kleine Zauberer. »Aber ich habe nicht gewußt, daß der Baum Ihnen gehört.«
Und er wollte eben hinabsteigen, als noch mehr Leute herbeiliefen.
»Wo ist der Dieb?« schrien sie.
Sie schwangen Stöcke und wollten den kleinen Zauberer verprügeln.
Da fürchtete sich der kleine Zauberer, und er verkroch sich tief ins Laub.
Aber weil er da schließlich nicht ewig bleiben konnte, begann er ganz leise zu zaubern.
»Hokuspokus Simsalabim«, flüsterte er – und da zog der Kirschbaum seine Wurzelfüße aus der Erde und ging Schritt für Schritt davon.
Die Leute rissen Augen und Münder auf und waren stumm vor Schreck.
Aber der Kirschbaum kümmerte sich nicht darum, sondern wanderte langsam mit dem kleinen Zauberer an ihnen vorüber. Quer über die Wiese ging er, am Waldrand entlang, links herum und rechts herum, weiter und immer weiter, bis er an eine Stelle kam, die ihm gefiel. Da streckte er seine Wurzeln tief in die Erde und blieb.
Und da steht er heute noch. Die Menschen haben ihn nie gefunden. Nur der kleine Zauberer und die Vögel kennen den Platz. Und sie besuchen den Kirschbaum jeden Tag, und der Kirschbaum schenkt ihnen alle seine Früchte.

Der kleine Zauberer und der Löwe

Als der kleine Zauberer in die Stadt kam, herrschte große Aufregung. Die Menschen rannten umher wie ein aufgescheuchter Bienenschwarm, sie schrien und fuchtelten wild mit den Armen. Die Hunde bellten, und die Katzen standen auf den Gartenzäunen und machten riesengroße Buckel.
»Was ist geschehen?« fragte der kleine Zauberer den Polizisten.
»Der Löwe ist los!« schrie der Polizist. »Er ist aus dem Zoo ausgebrochen, und nun streicht er durch die Stadt!«
»Ich werde ihn fangen«, rief da ein schmächtiger Mann mit einem Federhütchen.
Er schwenkte ein Schmetterlingsnetz und rannte los. Und weil der kleine Zauberer den Löwen sehen wollte, lief er schnell hinterher. Der Löwe saß auf einer Mülltonne, und er war sehr schön. Aber er war auch sehr groß, und darum machte der Mann mit dem Schmetterlingsnetz gleich hundert Schritte zurück. Da standen nun alle Einwohner der Stadt in einem weiten Halbkreis, und sie redeten und schrien, und keiner wagte sich an den Löwen heran. Die Feuerwehr kam mit dem großen Auto, die Schmiede, die Maurermeister und noch andere Männer mit starken Muskeln. Aber niemand getraute sich, den Löwen zu fangen. Da tat der Löwe sein Löwenmaul auf und brüllte.
»Seht nur«, sagten die Leute zitternd, »jetzt will er uns fressen!«
Der kleine Zauberer aber erkannte, daß der Löwe sich vor den vielen Menschen fürchtete. Wenn einer sehr laut schreit, hat er nämlich meistens Angst.
Da hob er seinen Zauberstab und zauberte den Löwen so klein, daß er aussah wie ein junges Kätzchen. Und dann nahm er ihn auf den Arm und trug ihn in den Zoo zurück.
Die Leute bewunderten den kleinen Zauberer sehr. Sie schüttelten ihm die Hand und schenkten ihm Blumen und Wiener Würstchen.
Der Löwe aber saß in seinem Käfig, an dem der Zoodirektor außen ein Schild befestigt hatte, auf dem stand: »Zwerglöwe – Seltenes

Exemplar.« Und alle Kinder der Stadt liebten den winzigen Löwen sehr.
Als aber der kleine Zauberer den Löwen am nächsten Tag besuchte, wandte der Löwe den Kopf ab.

»Bist du mir böse?« fragte der kleine Zauberer.
»Knurr«, sagte der Löwe.
»Bist du mir böse, weil ich dich in den Zoo zurückgebracht habe?«
»Nein«, brummte der winzige Löwe. »Ich bin gerne im Zoo. Aber ich habe Hunger.«
»So iß doch«, meinte der kleine Zauberer. »Es ist genug da.«
»Es ist kein Platz in meinem Bauch«, fauchte der Löwe zornig. »Und das liegt daran, daß du mich so klein gezaubert hast. Mein Herz ist auch geschrumpft! Was aber ist ein Löwe ohne ein großes, mutiges Löwenherz?«
Da machte der kleine Zauberer den Löwen wieder mächtig und schön wie zuvor. Der Löwe war so dankbar, daß er direkt ein bißchen verlegen wurde. Die Löwen sind nämlich sehr stolz, und sie zeigen ihre Gefühle nicht. Er riß sein Maul auf und gähnte, daß man alle seine weißen Zähne sah. Und der kleine Zauberer verstand ihn schon.

Der kleine Zauberer und sein Freund

Früher war der kleine Zauberer stets vergnügt und guter Dinge. Aber jetzt ist er manchmal traurig. Dann setzt er sich an den Bach, läßt Blätter schwimmen und denkt so vor sich hin. Die Äpfel sind reif, denkt er, und ich habe niemanden, mit dem ich einen Apfel teilen könnte. Die Pilze wachsen im Wald, aber da ist keiner, der sich mit mir darüber freut. Und er stellte sich vor, wie schön es wäre, wenn er einen Freund hätte.
»Willst du mein Freund sein?« fragte er einen Jungen, der des Weges kam.
»Ich habe schon einen Freund, der heißt Ottokar«, sagte der Junge und ging vorbei.

 So fragte der kleine Zauberer den Fuchs, die gescheckte Kuh und die

Ziege mit dem Glöckchen. Aber alle hatten schon einen Freund. Und manche hatten auch zwei.

»Auch gut!« dachte der kleine Zauberer ärgerlich. »Dann werde ich mir einen Freund zaubern.« Und er hob den Zauberstab und tat den Spruch. Dann machte er schnell die Augen ein bißchen zu, wegen der Überraschung, und als er sie wieder öffnete, saß neben ihm eine winzige Eule.

»Beim Hokuspokus!« rief der kleine Zauberer überrascht, »ich hatte mir meinen Freund etwas größer vorgestellt!«

»Einen Freund kann man überhaupt nicht zaubern«, erklärte die Eule, und sie klappte ihre wurstscheibenrunden Augen auf und zu. »Einen Freund muß man gewinnen. Und auf die Größe kommt es dabei nicht an.«

Da bemühte sich der kleine Zauberer, die Freundschaft der winzigen Eule zu gewinnen. Sie sangen miteinander, der kleine Zauberer trug die Eule auf seiner Schulter spazieren, und nachts im Mondschein tanzten sie manchmal ein Tänzchen. Dabei mußte der kleine Zauberer natürlich furchtbar aufpassen, daß er der Eule nicht auf die Füße trat.

Ja, und eines Tages waren sie wirklich Freunde geworden, und das war sehr schön.

Aber da geschah es, daß sie in einen goldenen Buchenwald kamen.

»Schau nur«, schrie plötzlich die winzige Eule, und sie zeigte auf eine dunkle Höhle in einem Baum.

»Da will ich wohnen!«

»Aber«, sagte der kleine Zauberer, »du kannst mich doch nicht verlassen. Du bist mein Freund!«

»Ja«, antwortete die Eule, und schon war sie in die Baumhöhle geschlüpft, »aber ich bin eine Eule, und eine Eule muß in einem Baum wohnen, das war schon immer so! Bitte, erlaub es mir!«

Wenn man seinen Freund wirklich liebhat, dachte der kleine Zauberer, dann muß man ihm helfen, daß er glücklich ist.

Und er schenkte der Eule zum Abschied eine weiße Blume.

Aber jeden Monat einmal besucht der kleine Zauberer die winzige Eule. Und so sind sie für immer Freunde geblieben.

Der kleine Zauberer und das Känguruh

Mitten im goldenen Sommer, als es so heiß war, daß die Fische im Wasser schwitzten, wanderte der kleine Zauberer durch das weite Land.

»Oh, ich bin müde«, seufzte er.

Und als er nicht mehr weiterkonnte, holte er seinen Zauberstab hervor.

»Hokuspokus Simsalabim«, sprach er. »Man schicke mir ein Fahrrad zu. Ein Fahrrad trägt mich fort im Nu!«

Und schon stand ein Fahrrad vor ihm. Der kleine Zauberer schwang sich auf den Sattel und radelte vergnügt davon. Aber bald stand er vor einem hohen, steilen Berg. »Da komme ich nicht hinauf«, dachte der kleine Zauberer.

Er hob seinen Zauberstab und rief: »Hokuspokus Simsalabim! Man bringe mir ein Auto her, ein Auto fährt mich kreuz und quer.«
Und kaum hatte er seinen Wunsch ausgesprochen, da brauste ein wildes Auto heran. Der kleine Zauberer setzte sich hinein, und los ging die Fahrt. Doch nach einer Weile hatte das Auto kein Benzin mehr und blieb einfach stehen.
»Das Beste wäre ein Esel«, überlegte sich der kleine Zauberer. »Der kann die Berge hinauf und Benzin braucht er auch nicht. Hokuspokus Simsalabim«, beschwor der die Geister zum drittenmal. »Man sende mir mit Beinen vier ein nettes, graues Eseltier.«
Da gab es einen sanften Windstoß, und vor ihm stand ein Känguruh.
»Guten Tag«, sagte der kleine Zauberer höflich. »Aber ich hatte einen Esel bestellt.«
»Ich weiß«, entgegnete das Känguruh mit vollem Mund, denn es verspeiste eben ein paar Blätter. »Die Esel im Zauberland machen heute einen Ausflug auf einer lila Wolke, und darum bin ich gekommen.«
»Hm«, meinte der kleine Zauberer. »Aber wie soll ich auf dir reiten?«
»Ganz einfach«, erklärte das Känguruh, »du schlüpfst in meinen Beutel.«
Da kletterte der kleine Zauberer in den Känguruhbeutel, und das Känguruh jagte mit großen Sprüngen davon.
»Oh, wie schön!« jubelte der kleine Zauberer.
Und wirklich – in einem Känguruhbeutel spazierengetragen zu werden, das ist so ziemlich das Wunderbarste, das es gibt auf der Welt! Hoch in die Luft schnellte das Känguruh, und mit einem einzigen Satz sprang es über den Fluß.
Fünf Tage und fünf Nächte blieben der kleine Zauberer und das Känguruh beisammen. Dann kamen sie ans Meer. Da wurde das Känguruh plötzlich traurig.

»Weit überm Wasser«, sagte es, »liegt das Känguruhland. Ich habe Sehnsucht nach meinen Brüdern und Schwestern.«
Und es weinte viele Tränen ins Meer. Das wäre nun an sich nicht so schlimm gewesen, denn das Meer ist ja ohnehin naß, aber der kleine Zauberer konnte es nicht ertragen, das Känguruh unglücklich zu sehen.
»Hokuspokus Simsalabim«, sagte er leise, und schon hielt er ein winziges Schiff in seiner Hand. Er setzte es aufs Wasser und pustete ein wenig, und da wurde das Schiffchen immer größer, bis es endlich so groß war, daß das Känguruh einsteigen konnte.
»Gute Fahrt!« rief der kleine Zauberer. »Gute Fahrt ins Känguruhland!«
Und er hob den Zauberstab und ließ eine silberne Möwe aufsteigen, damit sie dem Schiff den richtigen Weg zeige bis ans sichere Ufer.

Der kleine Zauberer in der Stadt

Einmal saß der kleine Zauberer auf einem Berg und schaute ins Tal hinab. Da sah er eine Stadt. Spielzeugklein fuhren die Autos durch die Straßen, die Kirchenglocke läutete, und winzige Katzen sprangen über die Dächer der Häuser.
»Oh, wie hübsch!« rief der kleine Zauberer, und er lief den Berg hinunter geradewegs in die Stadt hinein.
Sogleich rannten alle Leute zusammen, denn es kam selten ein Fremder zu Besuch.
»Guten Tag«, sagte der kleine Zauberer. »Ich möchte ein bißchen hier wohnen.«
Da setzte der Bürgermeister seine Brille auf und schaute darüber hinweg.
»Bist du ein Schreiner?« fragte er.
»Nein«, antwortete der kleine Zauberer.

»Ein Schuster?«
»Auch nicht. Ich bin ein kleiner Zauberer.«
»Dann kannst du hier nicht bleiben«, sagte der Bürgermeister unfreundlich. »Hier wohnen nur Leute, die arbeiten. Mach, daß du weiterkommst!«
Die Bürger der Stadt dachten ebenso. Und sie ließen den kleinen Zauberer einfach stehen.
Der kleine Zauberer aber wurde sehr ärgerlich. »Die Blumen arbeiten schließlich auch nicht«, dachte er, »und doch liebt sie jedermann.« Und er beschloß, der Stadt einen Streich zu spielen.
»Hokuspokus Simsalabim!« rief er, und schon spazierten fünfzehn schnatternde Enten mitten über die Hauptverkehrsstraße. Der Hahn auf der Kirchturmspitze begann zu krähen und hörte nicht wieder auf, der Autobus machte Sprünge wie ein Känguruh, alle Leute kriegten den Heuschnupfen, der Bürgermeister hatte einen Frosch im Bett, und die Bürgermeisterfrau trug ein Eichhörnchen auf ihrem Sommerblumenhut.
»Geh hinunter!« befahl sie empört.
Aber das Eichhörnchen dachte nicht daran. Da lief der Bürgermeister durch die Straßen und suchte den kleinen Zauberer.
»Kleiner Zauberer«, rief er. »Nimm den Spuk von der Stadt! Du kannst hier wohnen, solange du willst.«
Aber es war zu spät. Längst war der kleine Zauberer weitergezogen.
So mußten die Leute mit dem Zauber leben. Sie kauften sich fünfhundertsechsundachtzig Taschentücher, die Autos waren ganz langsam, damit sie die Enten nicht überfuhren oder mit dem tollen Omnibus zusammenstießen, der Bürgermeister schlief in der Badewanne, und seine Frau hatte sich so an das Eichhörnchen auf ihrem Hut gewöhnt, daß sie es nicht mehr missen mochte. Und daß das Eichhörnchen in den Nächten hinauslief in den Wald und über die Baumwipfel sprang, das wußte sie ja nicht.
Der kleine Zauberer sitzt manchmal auf dem Berg über der Stadt und lächelt. Eines Tages aber wird er hinuntersteigen und alles in Ordnung bringen. Ganz bestimmt. Und vielleicht sogar morgen schon – wer weiß?

Der kleine Zauberer und der Elefant

Wenn die großen gelben Sonnenblumen blühen, spaziert der kleine Zauberer den ganzen Tag durch die Sonnenblumenfelder und ist glücklich. Einmal, als er wieder so spazierte und ein Liedchen sang, traf er einen Elefanten.

»Guten Tag«, rief der kleine Zauberer. »Woher kommst du?«

»Tja«, sagte der Elefant, »eigentlich wohne ich in Afrika. Ich muß mich wohl verlaufen haben.« Und weil der kleine Zauberer und der Elefant sich überaus sympathisch waren, blieben sie beieinander. Sie gingen zusammen die Straßen entlang, und wenn der kleine Zauberer müde war, trug der Elefant ihn auf seinem Rüssel. Aber leider war der Elefant riesengroß, und daran lag es, daß der kleine Zauberer bald in Schwierigkeiten geriet. Als sie nämlich in ein Dorf kamen, in dem sie eine Weile bleiben wollten, wurde der Elefant plötzlich durstig und trank mit einem Schluck den Dorfteich leer. Da schimpften die Leute mit dem kleinen Zauberer und jagten ihn fort. Und der Elefant trottete hinter ihm her. Im nächsten Dorf fraß der Elefant die Jasminsträucher auf, im dritten trampelte er durch die Salatbeete, und irgendwo stieß er versehentlich einen Birnbaum um. Da stieg der kleine Zauberer auf eine Leiter und blickte dem Elefanten in die Augen.

»So geht es nicht weiter«, erklärte er. »Du mußt dich bessern.«

»Ich glaube«, sagte der Elefant, »ich bin einfach zu groß für dieses Land.«

»Vielleicht«, meinte der kleine Zauberer nachdenklich, »wäre es besser, du gingest nach Afrika zurück.«

»Ich weiß den Weg nicht mehr«, seufzte der Elefant, und er wischte sich mit dem Rüssel eine Träne aus dem linken Auge.

Da beschloß der kleine Zauberer, den Elefanten nach Afrika zurückzuzaubern.

»Zuerst zaubere ich ihn hoch in die Luft«, dachte er bei sich. »Und dann mit einem Schwung bis ins ferne Afrika.« Doch er hatte nicht bedacht, daß der Elefant furchtbar schwer war.

»Hokuspokus Simsalabim!« rief er, und – schwupp – saß der Elefant hoch oben auf einer Linde.
Aber weiter brachte ihn der kleine Zauberer auch mit der größten Anstrengung nicht. Also zauberte er ihn wieder herunter und versuchte es noch einmal.
»Hokuspokus Simsalabim!«
Und schon schwebte der Elefant über seinem Kopf wie ein riesiger Luftballon. Beim drittenmal zauberte er ihn sogar bis auf eine kleine,

weiße Wolke. Aber dann sah der kleine Zauberer ein, daß es keinen Sinn hatte.
»Du mußt mit dem Zug fahren«, erklärte er dem Elefanten, und er brachte ihn zum Bahnhof.
»Einmal ein Elefant nach Afrika«, verlangte der kleine Zauberer am Fahrkartenschalter.
»Wir transportieren keine Elefanten«, sagte der Beamte.
»Ja«, entgegnete der kleine Zauberer, »aber es ist ein trauriger Elefant.«
Da schaute der Beamte über seine Brille hinweg den Elefanten an. Und als er sah, wie traurig er war, hat er schnell dem kleinen Zauberer die Fahrkarte gegeben. Denn wer kann schon einen traurigen Elefanten auf dem Bahnhof stehenlassen? Das kann kein Mensch! Und so wurde dann doch noch alles gut.

Der kleine Zauberer und der Zauberstab

Manchmal ist der kleine Zauberer ein bißchen zerstreut. Dann vergißt er seinen Hals zu waschen, singt früh am Morgen ein Abendlied und zaubert den Kröten Flügel. Einmal aber, an einem Tag, an dem der Wind aus allen vier Himmelsrichtungen wehte, war es besonders schlimm. So zerstreut war der kleine Zauberer, daß er seinen Zauberstab verlor!
»O großer Simsalabim!« schluchzte der kleine Zauberer. »Was soll nun werden?«
Und er weinte alle Gänseblümchen naß. Aber weil ihm das schließlich auch nicht weiterhalf, machte er sich auf und begann zu suchen. Und die Tiere halfen ihm dabei.
Als sie eine Weile gesucht hatten, sah der kleine Zauberer plötzlich einen Mann, der eben seinen ungezogenen Buben mit einem Stock verhauen wollte.

»Halt!« schrie der kleine Zauberer. »Gib den Stock her! Es ist bestimmt mein Zauberstab.«
»Nein«, sagte der Mann, »da irrst du dich.«
Aber der kleine Zauberer rief: »Du wirst es gleich sehen!«
Und er nahm den Stab und sprach seinen Zauberspruch. Nichts geschah. Da lachte der Mann den kleinen Zauberer aus, und der kleine Zauberer schlich beschämt davon und suchte weiter. Im Dornbusch suchte er, unter den kleinen Tannen und im Mohnblumenfeld. Mit einemmal aber erblickte der kleine Zauberer einen struppigen Hund, der einen Stock im Maul trug.
»Hund!« schrie der kleine Zauberer. »Du hast meinen Zauberstab! Gib ihn her!«
»Das ist nicht dein Zauberstab«, knurrte der Hund. »Laß mich in Ruhe!« Aber weil der kleine Zauberer gar so sehr bat, gab er ihm schließlich den Stock.
»Paß auf«, sagte der kleine Zauberer. »Gleich wirst du es sehen!«
Und er sprach: »Hokuspokus Simsalabim!«
Doch es geschah nichts. Da verzog der Hund verächtlich sein Gesicht, und der kleine Zauberer schämte sich zum zweitenmal.
Lange irrte er umher, und fast hätte er die Suche schon aufgegeben, als er etwas Seltsames entdeckte. Mitten auf der Wiese stand ein Bäumchen, das eine Rose und eine Tulpe trug.
»Seht nur!« rief der kleine Zauberer den Tieren zu. »So etwas hat es noch nie gegeben!«
Und da wurde ihm plötzlich klar, daß dieses wunderbare Bäumchen sein Zauberstab sein mußte! Er hatte die Blüten getrieben, damit der kleine Zauberer ihn erkennen sollte.
»Hokuspokus Simsalabim!« rief er.
Da regnete es Rosen und Tulpen, Luftballons und saure Drops.
»Hurra!« schrie der kleine Zauberer. »Mein Zauberstab ist wieder da!«
Und er feierte mit den Tieren ein Fest. Der Fuchs tanzte mit dem Hasen, das Kätzchen mit dem Hund, der Igel mit dem Raben, das Eichhörnchen mit dem Gänserich. Und der kleine Zauberer tanzte mit seinem Zauberstab, und er war so fröhlich wie noch nie.

Der kleine Zauberer im Zirkus

An einem trüben Sonntagnachmittag, als der Regen vom Himmel bis zur Erde alles grau malte, ging der kleine Zauberer in den Zirkus. Da war es freundlich und hell. Die Musikkapelle spielte einen Walzer, und die Pferdchen tanzten dazu. Äffchen ritten auf Elefanten, Seehunde balancierten Bälle auf ihren Nasen, lustige Clowns purzelten durch die Manege, und goldene Löwen schüttelten ihre Löwenmähne.

Der kleine Zauberer fand das alles sehr schön. Und am besten gefiel ihm der braune Bär, der auf einem Roller fuhr.

Dann aber betrat ein Zauberer die Zirkusmanege. Er trug einen seidenen Frack und tat sehr vornehm.

»Meine Damen und Herren«, sprach er, »Sie sehen in mir den besten Zauberer der Welt.«

Und er machte ein hochnäsiges Gesicht und hob seinen Zauberstab.

Der kleine Zauberer fühlte, wie er ärgerlich wurde.

Der Zirkuszauberer aber fuhr fort: »Als erstes zaubere ich Ihnen fünf weiße Angorakaninchen hier aus meinem Zylinder.«

»Hokuspokus Simsalabim«, murmelte der kleine Zauberer da schnell, und als der andere in seinen Zylinder griff, hielt er fünf dicke, nasse Frösche in der Hand.

»Oh«, stotterte er verlegen, und die Zuschauer machten große Augen.

»Ich bin der größte Zauberer der Welt!« rief er dann ärgerlich und stampfte mit dem Fuß auf, »und darum lasse ich jetzt eine Orchidee aus meiner Hand wachsen.«

Aber der kleine Zauberer lächelte nur.

»Hokuspokus Simsalabim«, flüsterte er, und statt der Orchidee hielt der hochnäsige Zauberer eine dicke Kartoffel in seiner Rechten.
Da begannen die Leute zu lachen. Der Zauberer aber versuchte es noch einmal.
»Ich werde Ihnen beweisen, daß ich der König aller Zauberer bin!« schrie er. »Wenn ich den Zauberstab hebe, werde ich eine Krone auf meinem Kopf tragen.«
Aber weil der kleine Zauberer ihm auch diesen Zauber verdarb, trug er plötzlich statt einer Krone zwei häßliche Hörner auf seiner Stirn. Eins links und eins rechts.
Da bogen sich die Zuschauer vor Lachen, und sie riefen: »Pfui!« und warfen leere Flaschen in die Manege.
Der eingebildete Zauberer verlor die Fassung. Er begann zu weinen. Und weil er kein Taschentuch hatte, wischte er sich die Tränen mit den Frackschößen ab. So kläglich sah er aus, daß dem kleinen Zauberer sein Ärger wegschmolz wie Butter in der Pfanne.
»Hokuspokus Simsalabim«, sagte er leise und gab den verzauberten Zauber frei.
Der Zirkuszauberer wußte nicht, wie ihm geschah. Fünf weiße Angorakaninchen sprangen aus dem Zylinder, eine wunderbare Orchidee wuchs auf seiner Hand, und auf dem Kopf trug er statt der häßlichen Hörner eine Krone. Die Zuschauer klatschten in die Hände, und alles war wieder gut. Und was nun eigentlich wirklich geschehen war, das hat der Zauberer nicht erfahren. Aber eingebildet und hochnäsig ist er von da ab nie mehr gewesen.

Der kleine Zauberer und der Fisch

Mit allen ist der kleine Zauberer befreundet. Mit den Menschen, mit den Tieren und mit den Pflanzen auch. Und immer, wenn er so seiner Wege geht, trifft er viele Bekannte.

»Guten Tag, kleiner Zauberer«, rufen die Kinder, wenn sie ihm begegnen.
»Guten Tag«, antwortet der kleine Zauberer, und manchmal hebt er seinen Zauberstab und läßt ein paar bunte Bonbons herunterregnen.
»Guten Tag«, grunzt das freundliche, dicke Wildschwein, die Ziege meckert ihm fröhlich zu, die Rehe neigen ihre Köpfe, der Rabe krächzt einen munteren Gruß, und die Pferdchen reiben die Köpfe an seiner Schulter.
Die Bäume winken mit tausend Blätterhänden, und die Blumen blinzeln ihm zu.
An einem warmen, sonnigen Tag spazierte der kleine Zauberer zwischen den Wiesen entlang. Da begegnete ihm ein Fisch. Es war ein besonders hübscher Fisch, und der kleine Zauberer grüßte ihn höflich und ging vorüber. Doch als er ein Stück weitergegangen war, blieb er plötzlich stehen. Es fiel ihm ein, daß er niemals zuvor einen Fisch auf einer Wiese gesehen hatte. Er kratzte sich hinter dem linken Ohr und an der Nasenspitze und dachte nach.
»Blumen gehören auf die Wiese«, dachte er, »Vögel an den Himmel und Fische ins Wasser.« Und er lief schnell den Weg zurück.
»Wohnst du hier?« fragte der kleine Zauberer den Fisch.
»Ach nein«, antwortete der Fisch traurig. »Ich bin einer Frau aus der Tasche gesprungen, und jetzt suche ich den nächsten See.«
»Der nächste See ist weit«, sagte der kleine Zauberer. »Fast so weit wie die weißen Federwolken.«
»Dann muß ich vertrocknen«, seufzte der Fisch, und er weinte eine winzige Träne.
Der kleine Zauberer beschloß, dem Fisch zu helfen. Ganz sanft rührte er mit seinem Zauberstab die Träne an. Und die Träne wuchs und wuchs, bis sie zu einem kristallklaren See geworden war. Da sprang der Fisch hinein und war gerettet. Und weil er ein wirklich netter Fisch war, hat er sich auch sehr bedankt.
Als die Menschen und die Tiere den schönen See entdeckten, wunderten sie sich sehr. Und ein jeder, der von seinem Wasser trank, wurde ein bißchen glücklich davon.

Das große Zauberertreffen

Einmal im Jahr, in einer Stunde zwischen Tag und Nacht, wenn Sonne und Mond gemeinsam am Himmel stehen, treffen sich alle Zauberer der Erde. Sie treffen sich auf dem Gipfel eines hohen Berges, wo die Nebelgeister hausen.
»Abrakadabra«, begrüßen sie einander, und sie ziehen ihre Zauberhüte und verneigen sich. Dann nehmen sie Platz in den Bäumen und Sträuchern und führen ihre Kunststücke vor.
Der kleine Zauberer war auch zur Versammlung erschienen. Eine freundliche Fledermaus hatte ihn hergetragen. Aber weil die anderen Zauberer alle viel größer waren als er, setzte er sich bescheiden in den Schatten einer Anemone und schaute zu.
»Hokuspokus Simsalabim«, sagte der Zauberer mit dem Sternenmantel, und er schüttelte bunte gläserne Kugeln aus seinem weiten Ärmel. »Das ist doch gar nichts!« rief der Zauberer mit dem karierten Hut, und er ließ Blumen regnen. »Ha!« schrie ein anderer Zauberer, »was soll das schon sein!«, und er versprühte ein Feuerwerk aus seiner Hand.
Und nun versuchte ein Zauberer, den anderen zu übertreffen. Wundersame Musik zauberten sie aus den Steinen, fliegende Fische stiegen auf, schillernde Reifen wirbelten durch die Luft, Äpfel wuchsen auf Tannenbäumen, und Schneemänner tummelten sich ringsum.

Der kleine Zauberer schaute mit großen Augen zu. Und auch die Tiere kamen neugierig näher. Aber je mehr die Zauberer zauberten, um so ärgerlicher wurden sie.
»Ich bin der größte Zauberer der Welt!« schrie der mit dem langen Schnurrbart, und er ließ eine Eiche aus einem Blumentopf wachsen.
»Nein, ich!« brüllte der Zauberer mit der geblümten Hose. »Seht nur!« Und schon schwebte ein fliegendes Segelschiff über ihren Köpfen hin.
Da geriet der Zauberer im Sternenmantel in Wut, und er befahl einen Donner, daß alle Zauberhüte wackelten.
»Hört auf!« schrie der kleine Zauberer. »Die Tiere fürchten sich!«
Und wirklich, die Gemsen, die Murmeltiere und die zahmen Bergdohlen stoben erschreckt davon. Die Zauberer aber kümmerten sich nicht darum. Sie beschossen einander mit Luftballons und zauberten sich gegenseitig lange Nasen ins Gesicht.
»Es muß etwas geschehen«, dachte der kleine Zauberer.
Und er hob seinen Zauberstab und sprach: »Hokuspokus Simsalabim! Regenschauer platz herein, es soll wieder Frieden sein.«
Da ergoß sich eine gewaltige Wasserflut über die Versammlung. Die Zauberer zogen sich die Zauberhüte über die Ohren und ergriffen eilig die Flucht. Und endlich war es auf dem Berge still wie zuvor, und auch die Tiere kehrten zurück.
»Lebt wohl!« rief ihnen der kleine Zauberer zu. Dann schwang er sich auf seine Fledermaus und flog zufrieden davon.

Der kleine Stationsvorsteher

Der kleine Stationsvorsteher und der blinde Passagier

Der kleine Stationsvorsteher war gerade damit beschäftigt, den Bahnsteig sauber zu fegen, da hörte er plötzlich hinter sich eine Stimme.

»Ich will mit der Eisenbahn fahren«, sagte die Stimme, und als der kleine Stationsvorsteher sich umdrehte, stand er einem winzigen, sommersprossigen Jungen gegenüber.

»Später«, sagte der Stationsvorsteher. »Zuerst mußt du noch wachsen.«

»Ich will aber sofort fahren«, beharrte der Junge. Da baute ihm der kleine Stationsvorsteher eine Kindereisenbahn aus Stühlen.

Aber der Junge wollte keine Kindereisenbahn, er wollte mit der richtigen Eisenbahn fahren.

Alle Tage kam er von nun an.

»Laß mich mitfahren«, bettelte er.

Doch das konnte der kleine Stationsvorsteher nicht erlauben. Er strich ihm über die Haare und schenkte ihm Bonbons, aber der Junge blieb untröstlich.

Da geschah es eines Tages. Der kleine Stationsvorsteher hatte eben das Signal auf »freie Fahrt« gestellt, als der winzige, sommersprossige Junge blitzschnell auf das Trittbrett eines Zuges sprang und mitfuhr. Niemand hatte etwas davon gemerkt.

Am Abend jedoch, als derselbe Zug wieder die Bahnstation anlief, stieg der Schaffner aus und zerrte den Jungen am Kragen hinter sich her.

»So ein Bürschchen!« rief er. »Er ist ganz allein mitgefahren, und Fahrgeld hat er auch nicht bezahlt!«

»Hm«, machte der kleine Stationsvorsteher, und es war ihm ein bißchen peinlich, daß so etwas auf seiner Bahnstation geschehen war.

»Ich habe Wälder gesehen mit Vögeln darüber«, sagte der Junge begeistert, »und einen Fluß, so breit, wie die Eisenbahn lang ist!«

»Und jetzt gehen wir zur Polizei!« fuhr ihn der Schaffner an.

Da begann der winzige, sommersprossige Junge zu weinen, daß auch der kleine Stationsvorsteher ganz traurig wurde.
»Warte einen Augenblick!« rief er.
Und er lief nach Hause und begann überall nach Geld zu suchen. In der Zuckerdose fand er fünfzig Pfennige, unter der Matratze eine Mark zehn, fünf Pfennige auf dem Fensterbrett und zwei Groschen in seinem linken Pantoffel. Aber weil der Junge ziemlich weit gefahren war, reichte das nicht für sein Fahrgeld.
»Sehr verehrte Fahrgäste«, sagte darum der kleine Stationsvorsteher zu den Leuten, die sich aus den Zugfenstern lehnten und alles mit angehört hatten, »sehr verehrte Herrschaften, ich bitte um eine kleine Spende.«
Er hielt seine Mütze hin, und alle Leute warfen ein Geldstück hinein. So kam es, daß der Junge sein Fahrgeld nun doch bezahlen konnte.
»Danke schön«, sagte er zum kleinen Stationsvorsteher.
Er griff in seine Tasche und holte eine Handvoll bunter Murmeln hervor. »Für dich.«
Und dann ging er nach Hause und gleich ins Bett, denn er war schrecklich müde.
»So ein Bürschchen!« brummte der kleine Stationsvorsteher und er hockte sich auf den Bahnsteig und spielte mit den Murmeln.

Der kleine Stationsvorsteher und die Kuh

An einem bunten, fröhlichen Sommertag putzte der kleine Stationsvorsteher sein Fahrrad. Das Vorderrad putzte er, das Hinterrad und die Lenkstange auch. Und als es Zeit für den Zug war, der nach Rom fährt, stellte er das Signal auf »frei«.
Der Zug nach Rom hatte noch niemals bei ihm angehalten, er fegte immer nur vorüber wie ein silberner Blitz. Aber heute sollte es anders kommen! Kaum hatte die Lokomotive die Station erreicht, da

begann sie zu pfeifen wie in größter Not, und noch ehe der kleine Stationsvorsteher erkennen konnte, was eigentlich los war, hielt der Zug auch schon mit quietschenden Bremsen.
»Was ist geschehen?« riefen die Fahrgäste, und sie lehnten sich weit aus den Fenstern. »Eine Kuh steht auf den Gleisen«, sagte der Lokomotivführer, während er ausstieg. »Eine verflixte Kuh!« Es war eine hübsche, schwarz-weiß gesprenkelte Kuh. Doch obwohl sie ein sehr freundliches Gesicht hatte, dachte sie nicht daran fortzugehen.
»Los!« befahl der Lokomotivführer, »marsch!«, und er versuchte, das Tier von hinten ein bißchen anzuschieben.
Aber es half nichts. Und auch als der Heizer dazukam, ging die Kuh nicht fort. Sie machte nur einfach die Augen zu. Da stiegen die Fahrgäste aus. »Wir wollen weiterfahren!« riefen sie empört.
»Dann müßt ihr alle mithelfen«, meinte der Lokomotivführer.
Und das taten die Leute dann auch. Nur ein paar machten sich heimlich aus dem Staube. Sie fürchteten sich vor der Kuh. Das lag daran, daß sie in den großen Städten zu Hause waren, wo man das ganze Jahr über nur Autos sieht.
Der Lokomotivführer, der Heizer und die Fahrgäste drückten und zogen aus Leibeskräften, aber die Kuh bewegte sich nicht einen Millimeter fort. Da tupften sie sich den Schweiß von der Stirn und schimpften so laut sie nur konnten.
»Steigt nur alle wieder ein«, sagte plötzlich der kleine Stationsvorsteher hinter ihnen. »Ich mache das schon.«
»Du?« grinste der Lokomotivführer, »ein Kerlchen wie dich wird diese Kuh mit einem einzigen Atemstoß wegpusten.«
Doch der kleine Stationsvorsteher lächelte nur.
Er nahm seine Geige und begann zu spielen. Ganz langsam schritt er vor der Kuh her in die Wiese hinein. Und wahrhaftig – die Kuh hob den Kopf und folgte ihm. Sie wurde sehr fröhlich von der Musik, und weil der kleine Stationsvorsteher das merkte, ging er mit der Kuh noch ein wenig spazieren.
Die Leute aber haben den kleinen Stationsvorsteher sehr bewundert.
Und der Zug ist nun doch noch in Rom angekommen – beinahe pünktlich.

Der kleine Stationsvorsteher und der Zirkus-Zug

Einmal, an einem gewöhnlichen Freitag – der kleine Stationsvorsteher hatte soeben seine Spiegeleier gegessen –, fährt ein ganz besonderer Zug in die Bahnstation ein. Es ist ein Zug voller Tiere. In einem Wagen sitzen Affen. Sie tragen rote und blaue Jäckchen und schauen ernsthaft zum Fenster hinaus. In einem anderen Abteil hockt eine Eisbärenmama mit ihrem Eisbärenbaby. Da sind Ponys, Seehunde, Löwen, Tiger und Elefanten. Und ganz hinten, am Ende des Zuges, fährt eine Giraffe mit, die so groß ist, daß der kleine Stationsvorsteher den Kopf in den Nacken legen muß, um sie ganz zu sehen.

»Guten Tag!« Ein regenbogenbunter Clown springt aus einem der Wagen. »Wir sind ein Zirkus auf der Durchreise.«

Und er läuft den Bahnsteig entlang und schaut nach seinen Tieren.

»Alles in Ordnung!« ruft er.

Doch anstatt nun das Abfahrtsignal für den Zug zu geben, macht der kleine Stationsvorsteher ein äußerst bedenkliches Gesicht.

»Mit der Giraffe kommt ihr nicht unter der Brücke hindurch«, meint er.

»Wir müssen durch«, sagte der Schaffner. »Schließlich können wir nicht hierbleiben.«

Da holt der kleine Stationsvorsteher eine Leiter und einen Zollstock, und sie messen die Brücke aus.

»Drei Meter fünfzig«, sagt der Lokomotivführer.

»Nun messen wir die Giraffe!« ruft der Clown, und er legt die Leiter an den Giraffenhals und klettert empor. »Fünf Meter vierzig«, mißt er. »Dann ist sie zu groß«, stellt der Heizer fest.

»Wer sagt, daß die Giraffe zu groß ist?« meint der Clown, »die Brücke ist zu niedrig.«

»Die Giraffe muß aussteigen«, befiehlt der Lokomotivführer. »Sonst können wir nicht weiterfahren.«

»O nein«, der Clown schüttelt den Kopf. »Die Giraffe bleibt drin! Sie hat nämlich Fahrgeld bezahlt.«

»Fahrgeld hin, Fahrgeld her!« ruft der Schaffner, und es dauert keine Minute, da sind sie alle miteinander im Streit. Sogar die Tiere beteiligen sich. Die Ponys wiehern, die Seehunde bellen, die Elefanten trompeten, die Eisbären brummen, die Tiger fauchen, die Löwen brüllen, und die Affen trommeln gegen die Fensterscheiben. Nur die Giraffe schaut freundlich auf alle hinab, und sie tut, als gehe sie das Ganze nichts an.

Endlich, als die Männer von der Aufregung so müde geworden sind, daß sie nicht mehr weiterstreiten können, fällt dem kleinen Stationsvorsteher etwas ein.

Er rupft im Garten ein paar Salatblätter aus und wirft sie der Giraffe in den Wagen.

»Paßt auf!« sagt er – und wahrhaftig, die Giraffe senkt ihren Kopf und beginnt zu fressen.

Und weil sie dadurch zwei Meter kleiner wird, kann der Zug nun ohne Schwierigkeiten unter der Brücke hindurchfahren.

»Ja, ja«, brummt der kleine Stationsvorsteher stolz, und den ganzen langen Tag fühlt er sich wunderbar.

Der kleine Stationsvorsteher und die Drei

In der Morgendämmerung, wenn die Sonne noch hinter den Bergen schläft, läuft der Frühzug in die Bahnstation ein. Mit dem Frühzug fahren die Bauern zum Markt.

»Kleiner Stationsvorsteher«, sagte einmal eine Bäuerin mit einem bunten Kopftuch, »ich muß in die Stadt, um Kohlköpfe zu verkaufen. Willst du solange auf meine Drei aufpassen?«

»Aber ja«, antwortete der kleine Stationsvorsteher, denn er war ein äußerst höflicher Mann.

Da reichte ihm die Bauersfrau ein Kind, einen Hund und ein Schweinchen zum Fenster heraus. »Heute abend hole ich sie wieder ab.«

2

»Seid schön artig«, sagte der kleine Stationsvorsteher, und er gab dem Kind ein Wurstbrot, streichelte den Hund und band das Schweinchen am Gartenzaun fest.
Doch der Hund nahm dem Kind das Wurstbrot fort, und das Schweinchen riß sich los. Da tröstete der kleine Stationsvorsteher das Kind, schimpfte mit dem Hund und fing das Schweinchen wieder ein. Er gab dem Kind einen Ball, und band den Hund und das Schweinchen am Gartenzaun fest. Doch das Schweinchen buddelte ein Loch, der Hund heulte, und dem Kind rollte der Ball davon, und es lief hinterher.
Da schimpfte der kleine Stationsvorsteher mit dem Schweinchen, tröstete den Hund und fing das Kind wieder ein. Und weil es ihm so am besten erschien, band er auch das Kind am Gartenzaun an. Aber das Kind weinte, der Hund bellte, und das Schweinchen quiekte laut.
»Seid still«, sagte der kleine Stationsvorsteher, »ich binde euch wieder los.«
Und weil er keinen anderen Rat mehr wußte, nahm er sie alle drei mit ins Haus.
»Das Schweinchen unter den Herd«, befahl er, »der Hund auf den Teppich und das Kind ins Bett!«
Dann ging er hinaus, um das Signal für den nächsten Zug zu stellen. Aber als er wieder ins Haus kam, kriegte er einen Schreck: Da saß doch das Schweinchen im Sessel, der Hund lag im Bett, und das Kind spielte unter dem Herd mit den Kohlen!
Aber weil er froh war, daß die drei nun ruhig blieben, ließ er sie dort, wo sie gerade waren.
»Waren sie artig?« fragte die Bäuerin am Abend, und sie schenkte dem kleinen Stationsvorsteher drei kugelrunde Kohlköpfe.
Der kleine Stationsvorsteher nickte stumm. Und weil er ein bißchen verwirrt war, klopfte er dem Kind den Rücken, streichelte das Schweinchen und reichte dem Hund die Hand.
»Ich glaube«, dachte er bei sich, »mit Eisenbahnen weiß ich besser Bescheid.«
Und das stimmte ja auch.

Der kleine Stationsvorsteher und der leere Zug

Der kleine Stationsvorsteher dachte an nichts Besonderes, als er den Zug einfahren sah. Es war ein Zug wie andere Züge auch. Doch als er das Zeichen zur Abfahrt gab, blieb die Lokomotive stumm und still stehen. Der kleine Stationsvorsteher pfiff auf seinem Pfeifchen – nichts geschah. »Abfahren!« rief er. »Abfahren!«
Der Zug bewegte sich nicht. Da sprang der kleine Stationsvorsteher auf das Trittbrett und schaute in die Lokomotive.
»So was!« staunte er, »da ist ja niemand drin!«
Und als er feststellte, daß auch alle Wagen leer waren, kratzte er sich nachdenklich hinterm rechten Ohr.
»Der Zug ist ganz allein gekommen«, dachte er. »Er muß irgendwo fortgerollt sein.«
Aber weil ein leerer Zug nicht einfach auf den Schienen stehen bleiben und alles versperren darf, beschloß der kleine Stationsvorsteher, ihn auf das Abstellgleis zu schieben.
»Ohne Hilfe schaffe ich es nicht«, merkte er bald, und er ging zum Bauern, lieh sich die Pferde aus und spannte sie vor.
Doch die Pferde waren nicht stark genug. Da ging der kleine Stationsvorsteher wieder zum Bauern. Er borgte sich die Kühe und spannte sie vor die Pferde. Die Pferde und die Kühe strengten sich wirklich an – aber sie schafften es nicht. So mußte der kleine Stationsvorsteher noch einmal zum Bauern gehen, und diesmal brachte er die Schafe mit. Die Pferde, die Kühe und die Schafe legten sich mächtig ins Zeug, aber der Zug war zu schwer. Da lief der kleine Stationsvorsteher zum vierten Male zum Bauern und holte die Schweinchen. Die Pferde, die Kühe, die Schafe und die Schweinchen zerrten und zogen so mächtig, daß sich der Zug wirklich ein ganz klein bißchen bewegte.
»Ein Tier fehlt noch«, sagte der kleine Stationsvorsteher zum Bauern. »Wenn du mir noch ein Tier gibst, schaffen wir es.«
»Jetzt habe ich nur noch den bunten Hahn«, meinte der Bauer. »Alle anderen Tiere hast du schon mitgenommen.«

Und er gab dem Stationsvorsteher den bunten Hahn.
»Du wirst mir wohl auch nicht helfen können«, sagte der kleine Stationsvorsteher zum Hahn.
Aber er spannte ihn trotzdem vor.
Da breitete der bunte Hahn seine Flügel aus, und weil er über gerade so viel Kraft verfügte, wie noch gefehlt hatte, konnten die Tiere nun alle miteinander den Zug fortziehen.
»Oh, danke schön. Vielen Dank!« rief der kleine Stationsvorsteher.
Dann brachte er die Pferde, die Kühe, die Schafe und die Schweinchen nach Hause zurück. Den Hahn trug er auf seiner Schulter.
»Kikeriki!« schrie der bunte Hahn. Er fühlte sich großartig, denn er hatte schließlich einen Eisenbahnzug fortbewegt. Und vor lauter Stolz plusterte er sich auf, bis er so dick wie ein Sofakissen war.

Der kleine Stationsvorsteher und das Wollknäuel

Jeden Nachmittag zwischen drei und halb vier fährt der kleine, schwarze Personenzug in die Bahnstation ein. Er wird von einer uralten Lokomotive gezogen und ist darum nicht immer ganz pünktlich. Der kleine Stationsvorsteher kennt die meisten der Fahrgäste.
Er geht den Bahnsteig entlang und nickt ihnen lächelnd zu.
Eines Tages aber sieht er auf einem der Fensterplätze eine alte Frau, die sehr weint.
»Warum weinst du denn, Mütterchen?« fragt der kleine Stationsvorsteher mitleidig.

»Ach, das ist so«, schluchzt die alte Frau, »ich stricke nämlich einen Strumpf.«
»Darum brauchst du doch nicht zu weinen«, meint der kleine Stationsvorsteher.
»Aber mir ist doch vor fünf Minuten das Wollknäuel aus dem Fenster gefallen«, sagt die alte Frau.
Und da sieht der kleine Stationsvorsteher auch schon den Faden, der sich in der Ferne verliert.
»Du mußt zurückfahren!« ruft er dem Lokomotivführer zu. »Die alte Frau hat ihr Wollknäuel verloren.«
»Ich kann nicht zurückfahren«, antwortet der Lokomotivführer. »Der Rückwärtsgang ist nicht in Ordnung.«
»Dann warte ein bißchen«, sagt der kleine Stationsvorsteher.
Er schwingt sich auf sein Fahrrad und fährt los, immer dem Faden nach. An dreiunddreißig Bäumen fährt er vorüber, an einer Schafherde und fünf schnatternden Enten. Und hinter einem kleinen Hügel findet er endlich das Knäuel.
»Wie soll ich nun radfahren und gleichzeitig das Knäuel aufwickeln?« überlegt er sich.
Da bleibt ihm nichts übrig, als freihändig zu fahren. Aber das ist gar nicht so einfach, und der kleine Stationsvorsteher schwankt mit seinem Fahrrad ordentlich hin und her. Und weil er Angst bekommt, fängt er einfach an zu singen. »Im Winter blühn die Rosen rot, im Sommer fällt der Schnee«, singt er.
Er ist nämlich ein bißchen zerstreut, weil er so sehr auf den Faden achtgeben muß. An den fünf schnatternden Enten fährt der kleine Stationsvorsteher vorüber, an der Schafherde und an dreiunddreißig Bäumen, dann hat er die Eisenbahn erreicht. Da freut sich die alte Frau, daß sie ihr Wollknäuel wiederbekommt, und der Lokomotivführer freut sich auch, denn er kann nun endlich abfahren. Am meisten aber freut sich der kleine Stationsvorsteher, weil nun alles wieder in Ordnung ist. Er hebt seine Kelle, und der alte Personenzug setzt sich schnaufend und ächzend in Bewegung.
»Auf Wiedersehen«, rufen die Leute, und sie lassen ihre Taschentücher flattern. »Auf Wiedersehen, bis morgen.«

Der kleine Stationsvorsteher und das Eichhörnchen

Jeden Mittag um drei, wenn der kleine Stationsvorsteher eben sein Schläfchen unter dem Apfelbaum beendet hat, fährt der Nachmittagszug in die Bahnstation ein.
»Der Nachmittagszug ist ein ruhiger Zug«, denkt der kleine Stationsvorsteher manchmal. »Nie ist etwas Besonderes mit ihm los.«
Aber das sollte sich eines Tages ändern.
»Kleiner Stationsvorsteher!« rief der Schaffner ganz aufgeregt, als die Lokomotive noch nicht einmal zum Stehen gekommen war. »Du mußt mir helfen!«
»Wobei denn?« wollte der kleine Stationsvorsteher wissen.
»Alle Leute streiten miteinander«, sagte der Schaffner verzweifelt. »Die Großen mit den Kleinen und die Dicken mit den Dünnen.«
Da stieg der kleine Stationsvorsteher ein und sah sich die Sache an. Mitten im Wagen saß ein Eichhörnchen mit tintenklecksschwarzen Augen.
»Dieses Eichhörnchen«, sagte der Schaffner, »ist an allem schuld.«
»Woher kommt es denn?« fragte der kleine Stationsvorsteher.
»Es muß irgendwo unbemerkt zugestiegen sein«, der Schaffner betupfte seine Stirn mit einem grünkarierten Taschentuch, »und...«
»Es gehört mir«, behauptete eine Frau mit einem Blumenhut. »Seht, da sitzt es in meiner Tasche!« Aber gerade in dem Augenblick sprang das Eichhörnchen auf die Schulter eines älteren Herrn.
»Hier erkennt ihr, wem es gehört!« rief er. »Ich will es mit nach Hause nehmen und in einem Käfig halten.«
Schwupp – hüpfte das Eichhörnchen in den Seidenschirm einer jungen Dame. »Es ist mein Eichhörnchen«, sagte sie. »Ich werde es an der Leine spazierenführen.«
»Mir gehört es«, schluchzte ein kleines Mädchen. »Es hat von meinem Butterbrot gegessen.«
»Ich will es meiner Frau zum Geburtstag schenken«, erklärte ein Herr mit einer Zigarre.
»Nein!« schrie ein stupsnäsiger Junge zornig. »Es ist meins, und ich nehme es mit ins Bett!«

Während die Leute so stritten, sprang das Eichhörnchen ins Gepäcknetz und in einen Reisekorb, es schlüpfte einem Herrn ins linke Hosenbein, und plötzlich saß es sogar einer würdigen, alten Dame mitten auf dem Kopf.

Der kleine Stationsvorsteher hätte sehr gern ein bißchen gelacht, aber dazu war die Situation natürlich viel zu ernst.

»Das Eichhörnchen gehört mir!« schrien die Leute sich gegenseitig an, und sie schüttelten die Fäuste und sahen zornig aus.

»Hört einmal zu«, sagte da der kleine Stationsvorsteher leise. »Ihr irrt euch alle. Das Eichhörnchen gehört keinem von euch. Eichhörnchen gehören nämlich nie jemanden. Sie brauchen Freiheit und Nüsse und das Blättergewisper in den Gipfeln der Bäume.«

»Ja, aber. . . « sagten die Leute.

Doch dann sahen sie es plötzlich ein. Sie senkten betreten die Köpfe und schwiegen.

Da trug der kleine Stationsvorsteher das Eichhörnchen mitten in den grünen, sonnengefleckten Wald. Husch, ist es an einem Baumstamm emporgeklettert, immer höher und höher, bis es nicht mehr zu sehen war.

Der kleine Stationsvorsteher und das Jubiläum

An einem Tag im Hochsommer, als die weißen Wölkchen so leicht und duftig aussahen wie Watteflöckchen, hatte der kleine Stationsvorsteher sein Dienstjubiläum.
»Nun bin ich zehn Jahre Stationsvorsteher«, dachte er bei sich, während er seine Schuhe blank polierte, »aber noch nie bin ich mit einer Eisenbahn gefahren.«
Doch weil er keine Lust hatte, an einem so schönen Tag traurig zu sein, lächelte er und ging hinaus, um seine Arbeit zu tun. Kaum war

er auf dem Bahnsteig, da fuhr ein Sonderzug ein. Eine Musikkapelle stieg aus und ein Herr mit einem Zylinderhut.
»Sehr geehrter kleiner Stationsvorsteher«, sagte der Herr mit dem Zylinderhut. »Die Eisenbahndirektion gratuliert zum zehnjährigen Dienstjubiläum!« Und er drückte dem kleinen Stationsvorsteher einen riesigen Blumenstrauß in die Arme.
Dann begann die Musikkapelle zu spielen. »Hoch soll er leben«, trompetete, geigte und trommelte es, »dreimal hoch!«
Natürlich war der kleine Stationsvorsteher stolz. Aber er war auch schrecklich verlegen. So verlegen war er, daß er sich hinter seinem Blumenstrauß versteckte.
»Nun laden wir Sie zu einer Reise ein«, sagte der Herr von der Eisenbahndirektion, und da stieg der kleine Stationsvorsteher in den Zug, und der ganze Zug war nur für ihn da.
»Wohin sollen wir fahren?« fragte der Schaffner. »Vielleicht ein Stückchen geradeaus«, meinte der kleine Stationsvorsteher.
Er setzte sich in den Speisewagen. Und weil er essen durfte, was er wollte, bestellte er sich eine große Schüssel Majonäse. Es war wunderschön, mit der Eisenbahn zu fahren. Nur als er sah, wie seine Station immer kleiner und kleiner wurde und schließlich verschwand, da war dem kleinen Stationsvorsteher ein wenig seltsam zumute. Er trank ein Gläschen Wein, die Musiker spielten ihm ihre fröhlichsten Weisen vor, und der Herr von der Eisenbahndirektion sagte, er dürfe die Füße ruhig auf die Polsterbank legen.
Aber so wunderbar das auch alles war – der kleine Stationsvorsteher bekam ganz langsam ein bißchen Heimweh.
»Wohin sollen wir jetzt fahren?« fragte der Schaffner. »Links geht es nach Schweden und rechts nach Italien.«
»Ach«, meinte der kleine Stationsvorsteher schüchtern, »wenn es Ihnen nichts ausmacht, dann fahren Sie doch bitte zurück.«
So war er dann bald wieder auf seiner kleinen Bahnstation. Die Musiker hoben ihn auf ihre Schultern und ließen ihn noch einmal hochleben, dann fuhr der Sonderzug weiter.
»Es war ein schöner Tag«, dachte der kleine Stationsvorsteher. »Und solange ich lebe, werde ich ihn nie vergessen.«

Der kleine Zoowärter

Der kleine Zoowärter versteht die Sprache der Tiere

Einmal suchte der Zoodirektor einen neuen Zoowärter. Der alte Zoowärter hatte nämlich Streit mit dem frechen Papagei bekommen, und darum war er gegangen. Viele Männer meldeten sich. Der Zoodirektor bestellte sie zu sich. Und da standen sie nun im Kreis, und alle Tiere starrten sie an.

»Ich bin der Stärkste«, sagte einer der Männer. »Ich kann einen Löwen auf meinem Rücken tragen.«

»Ich bin der Dickste!« rief ein anderer. »Mich wirft nicht einmal der Bär um!«

»Und ich bin der Flinkste!« schrie ein dritter. »Mich holt kein Wildpferd ein!«

Ein vierter wollte der Mutigste sein, der fünfte der Pünktlichste, und der sechste war taub.
»So macht mir das Heulen der Wölfe nichts aus«, meinte er.
»Hm«, brummte der Zoodirektor, und er wußte nicht recht, für wen er sich entscheiden sollte.
Die Tiere aber fauchten und brummten, wieherten und fiepten, und man merkte deutlich, daß sie etwas sagen wollten.
»Sie möchten, daß *ich* hier Zoowärter werde«, sprach da plötzlich jemand, und der Zoodirektor bemerkte einen kleinen Mann.
»*Du?*« schrien die anderen, und sie lachten und schlugen sich auf die Schenkel. »Dich hustet ja ein Floh um!«
»Du bist der Kleinste«, sagte der Zoodirektor. »Was kannst du?«
»Ich verstehe die Sprache der Tiere«, entgegnete der kleine Mann, und er wurde vor lauter Verlegenheit ganz rot.

Die anderen glaubten ihm nicht.
»Das soll er beweisen!« brüllten sie. »Beweisen soll er das!«
Da legte der kleine Mann die Hand hinter sein Ohr und lauschte.
»Der Tiger hat einen Dorn in der Pfote«, sagte er. »Und er will, daß ich ihn herausziehe.«
»Er wird dich zum Frühstück verspeisen!« rief der Mann, der sich mutig genannt hatte.
Der kleine Mann aber ging ganz ruhig in den Tigerkäfig. Er kraulte den Tiger zwischen den goldenen Augen, dann bückte er sich und zog ihm den Dorn aus der Tatze.
»Danke schön«, sagte der Tiger.
»Bitte schön«, entgegnete der kleine Mann, »gern geschehen.«
»Nein!« schrien die großen Männer. »Das war nur ein Zufall! – Er soll uns sagen, was der Seehund will!«
Der Seehund jaulte nämlich ganz aufgeregt und sprang hin und her.
»Er will einen Ball«, erklärte der kleine Mann, und schon zog er einen aus der Tasche und warf ihn dem Seehund zu. Und der Seehund balancierte ihn auf seiner Seehundnase und war so glücklich wie noch nie.
Der bunte Papagei aber, der früher immer recht garstig gewesen war, flog dem kleinen Zoowärter auf die Schulter und krächzte: »Herzlich willkommen!«
»Die Tiere haben entschieden«, sagte der Zoodirektor.
Und er schickte die anderen Männer fort. Der kleine Zoowärter aber zog seine Mütze und begrüßte die Tiere. Da machten die Wölfe Männchen, die Giraffe verbeugte sich dreimal, der Eisbär schlug einen Purzelbaum, und der Esel warf alle vier Beine in die Luft.
»Sag mir, wieso du die Sprache der Tiere beherrschst«, fragte der Zoodirektor verwundert, und er überreichte dem kleinen Zoowärter zum Dienstantritt einen Blumenstrauß.
»Das ist ganz einfach«, sagte der kleine Zoowärter. »Ich habe die Tiere sehr lieb, und wenn man jemanden wirklich liebhat, dann versteht man ihn auch.« Und er rückte seine Mütze gerade und machte sich an die Arbeit.

Der kleine Zoowärter und das Äffchen

Im Zoo haben alle Tiere ihr eigenes Gehege. Und damit sie in ihrer Wohnung nicht gestört werden, ist sie mit Gitterstäben eingezäunt. Immer, wenn der kleine Zoowärter ein bißchen Zeit übrig hat, putzt er die Gitterstäbe, bis sie blitzen.
»Jemand war in meinem Gehege«, beschwerte sich da der Schakal eines Tages. »Er hat meinen schönen, alten Knochen ausgegraben!«
»Das ist nicht möglich«, sagte der kleine Zoowärter. »Ich habe die Tür fest abgeschlossen.« Aber es dauerte nicht lange, da beklagte sich auch der Löwe.
»Jemand war bei mir drin«, brummte er. »Er hat mich an der Mähne gezupft, während ich schlief.«
»Hm«, machte der kleine Zoowärter, und er konnte es nicht glauben.
»Hilfe!« schrie in diesem Augenblick das Zebra. »Hier raschelt einer im Heu!«
Und als der kleine Zoowärter nachschaute, fand er ein winziges Äffchen.
»Wie kommst du hierher?« fragte er verwundert.
»Durch die Gitterstäbe«, sagte das Äffchen. »Ich bin so dünn, daß ich überall durchkomme.«
Da brachte der kleine Zoowärter das Äffchen wieder nach Hause.
»Hier bleibst du jetzt«, befahl er.
Und das Äffchen sagte: »Ja.«
Aber es dachte nicht daran, sein Wort zu halten. Schon am nächsten Tag schlüpfte es wieder hinaus. Es hängte sich dem Elefanten an den Schwanz, bewarf das Nilpferd mit Steinen und beleidigte den Papagei.
»Sperr das Äffchen ein!« verlangten die Tiere vom kleinen Zoowärter.
Der kleine Zoowärter aber lächelte nur, und er brachte dem Äffchen eine dreifache Portion Nüsse und Obst.
»Guten Appetit!« sagte er.

Und das Äffchen fraß alles auf. Das konnten die Tiere nicht verstehen. Aber weil sie den kleinen Zoowärter sehr liebhatten, schwiegen sie.
Das Äffchen schlüpfte aber alle Tage durch die Gitterstäbe hinaus. Es scheuchte die Enten, nahm dem Seehund seinen Ball fort, und dem alten Flamingo riß es die allerschönste Feder aus.
»Leg das Äffchen an die Kette!« forderten die Tiere.
Doch der kleine Zoowärter lächelte bloß, und er fütterte das Äffchen mit den feinsten Früchten. So kam es, daß das Äffchen immer dicker wurde, und immer frecher wurde es auch. Es sprang dem Wildpferd auf den Rücken, und einmal kletterte es sogar der Giraffe an ihrem Giraffenhals empor. Da wurden die Tiere böse, und sogar der Löwe brüllte den ganzen Tag. Dabei ist der Löwe eigentlich ziemlich faul.
»Pst«, lächelte der kleine Zoowärter, und er legte den Finger an die Lippen. »Wartet ab.«
Und er fütterte das übermütige Äffchen weiter mit allerhand Leckereien. Und mit der Zeit wurde das Äffchen so dick, daß es nicht mehr durch die Gitterstäbe schlüpfen konnte. So blieb es brav zu Hause, und am Ende ist noch ein anständiger Affe aus ihm geworden.
Die Tiere aber bewunderten den kleinen Zoowärter sehr wegen seiner Klugheit, und er war ordentlich stolz.

Zoo

Der kleine Zoowärter und das Zebra

Jeden Tag besucht der kleine Zoowärter alle seine Tiere. Den Adler im großen Flugkäfig, das Nilpferd, das im Wasser planscht, die Pinguine, den Seehund, die Bären, den Fuchs und alle anderen auch. Aber immer, wenn er zum Zebra kommt, findet er es unzufrieden. Das Zebra ist eine einsame Zebrafrau, die ganz allein in dem großen Gehege unter der Linde wohnt.

»Ich werde nicht genug bewundert«, sagt das Zebra zum kleinen Zoowärter, und es betrachtet sich in einer Regenwasserpfütze.

»Hm«, macht der kleine Zoowärter, und mehr weiß er nicht dazu zu sagen.

»Ich will ein ganz besonderes Tier sein«, beginnt das Zebra von neuem. »Mach mich kariert!«

»Karierte Zebras gibt es nicht!« entrüstet sich der kleine Zoowärter. »Nirgendwo auf der Welt!«

»Dann werde ich das erste sein«, beharrt das Zebra. »Bitte, mach mich kariert!«

Und weil es dem kleinen Zoowärter schließlich zu dumm wird, das Zebra alle Tage betteln zu hören, gibt er nach. Er holt einen Eimer schwarzer Farbe und einen Pinsel, und es dauert nicht lange, da ist das Zebra kariert.

»Einmalige Seltenheit«, schreibt der kleine Zoowärter auf das Schild, das am Käfig hängt. »Karozebra.«

Und bald drängen sich die Besucher und bewundern das seltsame Tier. Das Zebra aber ist glücklich. Viele Stunden lang ist es glücklich, bis am Nachmittag um drei. Da nämlich ziehen dicke, graue Wolken am Himmel auf, und plötzlich beginnt es gewaltig zu regnen. Und weil ja das ganz besondere Karozebra nicht echt ist, läuft die schwarze Farbe in Strömen an ihm herunter, und das sieht sehr komisch aus. Die Leute lachen, alle Tiere ringsum lachen, und am lautesten lacht der Papagei. Fast fällt er von seinem Baum herunter.

Das Zebra aber weint. Doch weil es so sehr regnet, fällt das gar nicht auf. Von diesem Tage an ist das Zebra noch unzufriedener als zuvor.

Lange Zeit überlegt der kleine Zoowärter, was er tun könnte, und endlich unternimmt er etwas.

Eines schönen Vormittages kommt eine große Holzkiste im Zoo an, und heraus steigt ein Zebramann.
»Schau her«, sagt der kleine Zoowärter, »ich habe jemanden für dich.«
Und seitdem leben die beiden Zebras miteinander im Gehege unter der Linde. Und weil der Zebramann die Zebrafrau liebgewonnen hat, bewundert er sie jeden Tag ein bißchen. Morgens, mittags und abends.
So kam es, daß die unzufriedene Zebrafrau doch noch glücklich wurde. Und ein Karozebra wollte sie nun nie mehr sein.

Der kleine Zoowärter und die Elefanten

Tagsüber sind die Elefanten sehr beschäftigt. Sie wälzen sich im Schlamm, spazieren im Gänsemarsch durch das Gehege, sie fassen sich bei den Schwänzchen und machen einen Kreis, und manchmal sind sie ungezogen. Dann grabschen sie den Leuten die Hüte vom Kopf, greifen ihnen mit den Rüsseln in die Taschen oder spritzen sie naß.
So kommt es, daß die Elefanten abends sehr müde sind, und sie möchten gerne die ganze Nacht lang schlafen. Aber das können sie leider nur, wenn einer Wache hält.
»Du mußt wachen!« befehlen sie jeden Abend dem kleinsten der Elefanten, und eine Weile hat der das auch gemacht.
Dann aber beschwerte er sich beim kleinen Zoowärter. »Ich muß auch einmal schlafen«, sagte er. »Schließlich bin ich noch ein Baby-Elefant.« Und der kleine Zoowärter sah das ein.
»Die Elefanten können nicht schlafen«, erklärte er den anderen Tieren, »einer müßte die Nachtwache übernehmen.«

»Ich will es tun«, brummte der Bär, der besonders gutmütig ist. Und am Abend trottete er ins Elefantenhaus. Aber kaum hatte er die Wache angetreten, als er auch schon einschlief und so laut schnarchte, daß jeder einzelne Strohhalm zitterte.
»Wir können ihn nicht brauchen!« trompeteten die Elefanten am nächsten Morgen. »Der Bär ist nicht der Rechte!«
Da fragte der kleine Zoowärter noch einmal die Tiere, wer von ihnen wachen wolle.
»Ich will es tun«, bot sich der Uhu an. »Es trifft sich gut, denn ich schlafe ohnehin am Tage.«
Und am Abend flog er ins Elefantenhaus, und er hielt seine großen Augen weit offen. Nach einer Viertelstunde aber schlug er mit seinen Schwingen und schrie: »Schuhuuu!«, denn das tat er jede Nacht so. Und jede weitere Viertelstunde tat er das gleiche. Da fielen die Elefanten jedesmal aus ihren Elefantenträumen. Sie sprangen auf die Beine und fürchteten sich.
»Wir können ihn nicht brauchen!« protestierten sie. »Der Uhu ist nicht der Rechte!«
Nun blieb dem kleinen Zoowärter nichts weiter übrig, als selber die Elefantenwache zu übernehmen. Er hockte sich hin und schaute den Elefanten beim Schlafen zu. Und wenn er dabei auch selber schrecklich müde wurde, so hielt er doch tapfer durch.
»Den kleinen Zoowärter können wir brauchen«, lobten ihn die Elefanten am anderen Morgen. »Er ist der Rechte!«
Zwei Nächte lang blieb der kleine Zoowärter wach, aber weil er am Tage auch niemals Ruhe fand, wurde ihm schließlich ganz elend. Da hatte er in der dritten Nacht einen guten Gedanken. Leise hängte er seine Jacke und seine Mütze an einen Nagel in der Wand, und er selbst schlich sich hinaus, und ging – husch – in sein Bett. Und als die Elefanten in der Dunkelheit nach ihm blinzelten, sahen sie die Jacke und die Mütze, und sie glaubten, daß der kleine Zoowärter getreulich Wache hielt.
So schläft der kleine Zoowärter alle Nächte. Die Elefanten aber schlafen auch. Und daß in Wirklichkeit niemand Wache hält – das brauchen sie ja nicht zu erfahren.

Der kleine Zoowärter und der Eisbär

Im Sommer, wenn es sehr warm ist, zieht der kleine Zoowärter seine Badehose an und schwimmt mit dem Eisbären im Eisbärenteich herum.
»Du hast es gut«, schnauft er dann. »Immer kannst du im Wasser liegen!«
Aber der Eisbär macht ein undurchdringliches Eisbärengesicht und schweigt.
»Bist du anderer Meinung?« fragt der kleine Zoowärter überrascht.
»Brumm«, sagt der Eisbär, und er leckt sich seine Pfoten. »Der Teich ist nur klein, und ich bin ein so großes Tier. Meine Mutter hat am weiten Eismeer gelebt. Da ist es herrlich für einen weißen Bären!« Und er seufzt und streckt sich traurig auf den Steinen aus.
»Das Eismeer ist fern«, sagt der kleine Zoowärter. »Dahin kann ich dich nicht bringen.«
Aber die Worte des Eisbären gehen ihm nicht aus dem Kopf. Und weil der kleine Zoowärter immer überlegt, wie er seinen Tieren eine

Freude machen kann, kippt er eines Tages all sein Geld aus dem Sparschweinchen und kauft sich dafür ein Auto. Es ist kein besonders großes Auto, und wackelig ist es auch, aber der kleine Zoowärter findet es wunderschön.
»Ich habe eine Überraschung für dich«, sagt er zu dem Eisbären. »Steig ein, ich fahre dich an die See. Das ist dann so ähnlich wie am Eismeer, bloß nicht so kalt.«
Da freut sich der Eisbär sehr, und er dreht sich fünfzehnmal um sich selbst. Er klettert zum kleinen Zoowärter ins Auto, und sie fahren los.
»Tut, tut«, ruft das wackelige Auto.
Und die Menschen und die Hühner laufen fort, und die Straße ist leer. Als sie an der See ankommen, wird es eben dämmerig, und die Badegäste sind zum Abendessen gegangen. Das ist gut so, denn die meisten Menschen haben es nicht gern, wenn ein Eisbär mit ihnen im Wasser herumplanscht.
Lange staunt der Bär das weite Meer an, dann stürzt er sich hinein, und sein Eisbärenherz wird vor lauter Glück ganz heiß.
»Komm zurück!« ruft endlich der kleine Zoowärter, »wir müssen nach Hause.«
Und der Bär gehorcht sofort, denn er ist dem kleinen Zoowärter sehr dankbar.
»Wo seid ihr gewesen?« fragen die anderen Tiere im Zoo.
»Brumm!« schreit der Eisbär. »Am Meer! Und schön ist es da!«
»Nimm mich auch einmal mit!« bettelt der Seehund.
»Und uns!« schnattern die Enten.
»Nein, uns!« rufen die Pinguine, und der Fischotter will mit, der Seelöwe, das Nilpferd, die Wasserschildkröte und der Hecht.
»O weh!« seufzt der kleine Zoowärter. »Da ist mein Auto zu klein!«
Er macht sich an die Arbeit und baut einen Anhänger. Dann nimmt er die Tiere mit zum Meer hinaus. Sogar ein Goldfisch in einem Goldfischglas ist dabei. Langsam zottelt das kleine Auto dahin. An den Straßenrändern bleiben die Leute stehen und winken. Und so macht es der kleine Zoowärter jetzt immer. Wenn er Geld für Benzin hat, fährt er mit den Tieren zum Meer.

Der kleine Zoowärter und der Löwe

Genau in der Mitte des Zoos steht auf einem kleinen Hügel der Löwenkäfig. Der Löwe ist ein glückliches Tier. Meist liegt er still in der Sonne und träumt. Manchmal aber steht er auf, schüttelt seine goldene Mähne und brüllt.
»Uaaah!« donnert es dann durch den Zoo, »uaaah, ich bin der König der Tiere!«
Dann werden die Affen, die Bären, die Tiger und die Vögel ganz still, und die Fische hören auf, Luftblasen zu machen. Denn der Löwe spricht die Wahrheit.
»Uaaah!« brüllt er, »ich bin schön und gewaltig!«
»Ja«, sagt der kleine Zoowärter. »Das stimmt. Aber faul bist du auch. Willst du nicht ein wenig in deinem Käfig spazierengehen?«
»Urr!« knurrt dann der zottige Löwe. »Geh weg, oder ich beiße dir die Nase ab!«
Aber das meint er nicht so. Und er setzt sich auf sein Hinterteil und döst vor sich hin.
Eines Tages aber hat der Löwe angefangen nachzudenken. Er hatte riesige Falten im Gesicht, und sein Löwenschweif wippte auf und ab.
»Vogel«, hat der Löwe das Rotkehlchen gefragt, das eben bei ihm zu Besuch war, »woher bin ich gekommen?«
»Ich weiß es nicht«, antwortete das Rotkehlchen, und es pickte verlegen vor sich hin.
»Äffchen!« schrie da der Löwe seinem Gegenüber zu, »woher bin ich gekommen?«
Aber die Affen wußten es leider auch nicht. Und weil es ihnen peinlich war, kratzten sie sich die Bäuche.
Da brüllte der Löwe so lange, bis der kleine Zoowärter herbeilief.
»Woher bin ich gekommen?« fragte der Löwe.
»Aus der gelben Wüste«, sagte der kleine Zoowärter. »Wo der Wind den Sand vor sich herjagt und wo alle Tage die Sonne scheint.«
»Uaaah!« schrie der Löwe. »Dahin will ich wieder zurück!«

»Es ist schrecklich weit von hier«, meinte der kleine Zoowärter. »Wie willst du in die Wüste gelangen?«

»Per Tatze!« grollte der Löwe. »Schließ den Käfig auf!«

»Das kann ich nicht!« sagte der kleine Zoowärter erschrocken. »Es ist verboten!«

»Dann fresse ich nicht mehr und werde krank!« knurrte der Löwe, und er machte die Augen zu.

Das war eine bedenkliche Situation. Der kleine Zoowärter polierte mit dem Taschentuch alle seine silbernen Knöpfe und dachte nach.
»Was soll ich tun?« fragte er die anderen Tiere. Die Tiere antworteten nicht. Eine so schwierige Frage hatte ihnen noch nie jemand gestellt.
»Laß ihn gehen!« schrie plötzlich die bunte Wildkatze. »Schließlich ist er der König!«
So nahm der kleine Zoowärter den großen Schlüssel und schloß den Löwenkäfig auf. Der Löwe schritt mit hocherhobenem Haupt hinaus. Fünfzehn Meter ging er und noch ein paar Zentimeter. Dann wurde er furchtbar müde. Er legte sich in einen Sonnenfleck und schlief ein.
Und im Traum war er in der gelben Wüste, und er jagte unter dem weiten Himmel. Riesige Sätze machte er, und der Sand stob in kleinen Wolken rings um ihn auf.
»Oh, bin ich gerannt!« seufzte der goldene Löwe, als er endlich erwachte. Und er war so müde, daß er schnurstracks in seinen Käfig zurückging, um sich auszuruhen. Und da ist er auch für immer geblieben, und er ist zufrieden und glücklich.

Der kleine Zoowärter und das Kamel

Die Tage im Zoo ähneln sich wie ein Gänseblümchen dem anderen. Morgens geht die Sonne auf, dann recken und strecken sich die Tiere und haben Hunger. Der kleine Zoowärter bringt das Futter. Er streichelt die Pelztiere, die Federtiere, und den Fischen blinzelt er zu.
Manchmal regnet es natürlich, aber dann ist es auch nicht viel anders. Höchstens, daß der kleine Zoowärter einen Schirm trägt.

Einmal im Jahr jedoch gibt es ein großes Fest. Dann hat nämlich der kleine Zoowärter Geburtstag. Das letztemal waren die Tiere schon einen Tag vorher furchtbar aufgeregt. Und um vier, als es noch stockdunkel war, konnte der Papagei den Schnabel nicht mehr halten, und er schrie: »Herzlichen Glückwunsch!« und wollte nicht mehr aufhören. Da lief der kleine Zoowärter im Nachthemd herbei, und er freute sich.

»Lieber kleiner Zoowärter«, sprach der goldene Löwe, »wir wollen dich ehren. Aber dazu ist es notwendig, daß du alle Käfige öffnest.«

»Hm«, sagte der kleine Zoowärter, »das ist eigentlich nicht gestattet. Aber wenn ihr mir versprecht, daß ihr friedlich miteinander seid, will ich es tun.«

Da jauchzten die Tiere vor Freude, und nur das Kamel sagte nichts. Es ist überhaupt ein stilles Tier, und die anderen halten es für unfreundlich.

Die großen Raubkatzen sprangen aus ihren Käfigen, die Elefanten schlossen sich ihnen an, die Vögel flatterten umher, die Eselchen galoppierten im Kreis, das Nashorn kam herbei, und sogar das dicke Nilpferd hob sich aus seinem Bassin. Nur die Fische blieben natürlich zu Hause. Ihnen war es draußen zu trocken.

»Wir wollen einen Umzug machen«, brüllte der Löwe.

Da gingen alle Tiere brav hintereinander her. Die Elefanten trompeteten einen Geburtstagsmarsch, zwei Lerchen sangen dazu, die Äffchen bauten eine Pyramide, die Schwäne tanzten, der Seehund balancierte sein kleines Seehundkind auf der Nase – ganz vorsichtig natürlich, damit es nicht hinunterfiel –, und das Känguruh hatte sich etwas besonders Hübsches ausgedacht. Es hatte Blumen gepflückt, und nun hüpfte es immer vor dem kleinen Zoowärter her und streute sie aus seinem Beutel auf den Weg.

Und weil inzwischen die Sonne aufgegangen war, kamen auch die Besucher in den Zoo.

»Der kleine Zoowärter hat Geburtstag!« riefen sie. »Aber wo ist er denn?«

Weil er so klein war, konnten sie ihn zwischen den großen Tieren nicht sehen.

»Klettere auf meinen Rücken«, wieherte das Wildpferd.
»Oder auf meinen!« bellte der Wolf.
»Ich will dich tragen«, bat der Auerochse, und viele Tiere boten sich an.
Der kleine Zoowärter aber wählte das Kamel. Und das Kamel kniete nieder, damit er hinaufsteigen konnte.
»Da ist er!« schrien die Leute. »Hoch, hoch, hoch!«
Und es wurde ein wunderschöner Geburtstag. Das Kamel aber war so stolz, den kleinen Zoowärter auf seinem Rücken getragen zu haben, daß es seit diesem Tage ein winziges Lächeln in seinem Gesicht trägt.

Der kleine Zoowärter und der Wolf

Abends, wenn alle Menschen fortgegangen sind, wird es im Zoo erst richtig lebendig.
»Futter her«, schreien die Tiere. »Schnell!«
Dann klappert der kleine Zoowärter mit Schüsseln und Eimern, und er beeilt sich, so sehr er kann. Die Affen bekommen Bananen, der Seehund Fische, die Leoparden Fleisch, die Hasen Mohrrüben und die Elefanten Heu.
Und wenn sie endlich alle satt sind, sagt der kleine Zoowärter ihnen gute Nacht.
»Schließt eure Augen«, sagt er. »Bis morgen.«
Die kleinen Vögel gehorchen sofort. Sie machen ihre Augen zu und schlafen. Die Katzentiere aber starren mit glühenden Lichtern den Mond an, denn der Mond bringt ihnen Grüße aus fernen Ländern mit. Doch das tut er so leise, daß es die anderen Tiere nicht stört. Der dicke Bär brummt manchmal im Schlaf, die Ziegen meckern ein bißchen, und die Gemsen zucken mit ihren Hufen, weil sie von großen Sprüngen träumen.

Der Schakal aber singt. Sobald die Dunkelheit hereinbricht, erhebt er seine Stimme, und die Schakalfrau singt auch. Und weil ihnen das niemand abgewöhnen kann, hat der kleine Zoowärter sie weit draußen einquartiert, gleich neben dem Nilpferd. Das Nilpferd hat nämlich besonders kleine Ohren, und da macht ihm der Gesang nichts aus.
So wäre ja eigentlich alles in Ordnung, wenn nicht der alte, graue Wolf und die Giraffe miteinander in Streit geraten wären.
»Der Wolf läuft immerzu in seinem Käfig hin und her!« beschwert sie sich jeden Morgen. »Die ganze Nacht!« Und sie hat winzigkleine Augen, weil sie nicht geschlafen hat.
»Wolf«, sagt der kleine Zoowärter, »du mußt dich ruhig verhalten!«
»Das kann ich nicht!« knurrt der alte Graue. »In den Nächten erwacht mein Wolfsgemüt, dann muß ich wandern.«
»Dann zieh aus«, meint die Giraffe.
»Das tue ich bestimmt nicht!« fletscht der Wolf. »Ich bin der Älteste hier im Zoo. Zieh du aus!«
»Wohin denn?« jammert die Giraffe. »Ich bin so groß, und dies ist der einzige Käfig, der mir paßt!«
Und so geht das schon seit Wochen, und die arme Giraffe ist so müde, daß sie den Kopf hängen läßt und aussieht wie eine welke Blume.
»Ich muß etwas unternehmen«, denkt der kleine Zoowärter.
Und schließlich fällt ihm auch etwas ein. Er bespricht sich mit der weisen Eule, dann macht er sich ans Werk. In jeder freien Minute sitzt er unter dem Jasminstrauch und strickt. Vier wollige, weiche Pantöffelchen strickt er, die soll der Wolf nun tragen.
»Purr!« schimpft der alte Graue, als der kleine Zoowärter ihm die Pantoffeln zum erstenmal über die Pfoten streift. »Das ist ja lächerlich!«
Und er besteht darauf, sie nur in den Nächten anzuziehen. So leise ist er jetzt, daß die Giraffe wieder schlafen kann. Und von den vielen Menschen, die tagsüber in den Zoo kommen, ahnt nicht einer, daß der wilde, graue Wolf in den Nächten Strickpantoffeln trägt.

Der kleine Zoowärter und der Hund

Jeden Tag kommen die Besucher in den Zoo und bewundern die Tiere. Sie bewundern die Äffchen, die mit einem Löffel Bananenbrei essen, die gestreiften Hyänen und den Storch, der auf einem Bein steht. Den Löwen finden sie schön, die feinen Pinguine, den Eisbär und die Angoraziege. Und sie schauen sich die Hirsche an, den Feuersalamander und den Höckerschwan.

Jedesmal aber, wenn die Leute den Zoo betreten, müssen sie am Zoo-Wachhund vorüber, der am Eingang sitzt und aufpaßt. Der

kleine Zoowärter ist mit dem Wachhund befreundet, und mittags bringt er ihm sein Futter.

Einmal jedoch traf er den zottigen Schäferhund traurig an. Er ließ die Ohren hängen und hatte die Schnauze zwischen den Pfoten vergraben.

»Hast du Zahnweh?« fragte der kleine Zoowärter mitleidig.

»Nein«, sagte der Hund.

»Willst du, daß ich mit dir spazierengehe?«

»Nein«, gähnte er.

»Hat dich vielleicht ein Floh gebissen?«

Aber das war es auch nicht.

»Kleiner Zoowärter«, seufzte der Wachhund endlich, »dreihundertfünfundfünfzig Menschen sind vorübergegangen, aber keiner hat nach mir geschaut. Sie wollen nur die Tiere in den Käfigen sehen. Findest du das gerecht?«

Da knöpfte der kleine Zoowärter seine silbernen Knöpfe auf und zu und dachte nach.

»Eigentlich«, so meinte er, »genügt es, wenn du in den Nächten wachst. Mir fällt da etwas ein.«

Und er nahm den Hund beim Halsband und führte ihn durch den Zoo, bis er einen leeren Käfig fand. »Spring nur hinein«, sagte er. »Wir wollen sehen, ob sie dich jetzt beachten.«

Und er brachte ein Schild an, auf dem stand: »Deutscher Schäferhund, schönes Exemplar.«

»Seht nur, ein neues Tier!« schrien da die Leute, und sie liefen alle zum Hundekäfig.

Der Wachhund wedelte mit dem Schweif und lachte, daß man seine schönen Zähne sah. Die Leute aber sagten, er sei ein wunderbares Tier, und ein Mann mit einem Federhut schenkte ihm sogar ein Wiener Würstchen.

So verbringt der Wachhund jetzt seine Tage im Käfig, und die Menschen sagen ihm freundliche Worte. Nachts aber sitzt er vor dem Zooeingang und wacht wie immer. Er paßt auf, daß sich kein Dieb einschleicht, läßt sich den Nachtwind durch das Fell streichen, und manchmal bellt er den Mond an. Er ist zufrieden und glücklich.

Der kleine Zoowärter schlichtet Streit

Bisher ist es im Zoo immer friedlich zugegangen. Alle Tiere haben einander gern. Sie freuen sich, wenn die Menschen zu Besuch kommen. Abends, wenn es still wird, hört man die Blätter der Bäume rauschen, und manchmal singt der kleine Zoowärter ein Schlaflied.

Eines Tages aber war es aus mit dem Frieden. Vielleicht mag es am Wetter gelegen haben, jedenfalls fühlte sich der Pinguin plötzlich furchtbar verärgert.

»Nilpferd«, rief er, »man reißt sein Maul nicht so weit auf! Du bist ein ungebildetes Tier!«

»Was fällt dir ein!« entgegnete das Nilpferd. »Du mit deinem Frack! Wer weiß, was du darunter trägst. Bestimmt ein schmutziges Hemd!«

»Brüllt nicht so«, sagte der Affe. »Es ist schon schlimm genug, daß ich das Schnarchen dieses faulen Tigers mitanhören muß, der den ganzen Tag nichts tut.«

»Du würdest selber gerne schnarchen!« fauchte der Tiger, »wenn du dich nicht immerzu flohen müßtest!«

Da warf der Affe mit Nüssen, und der Elefant spritzte ihm mit dem Rüssel ein paar Liter Wasser über den Kopf, weil er dachte, das würde ihn beruhigen.

»Du dickfelliges, graues Tier!« schimpfte die Giraffe. »Du hast mich naß gemacht!«

»Das kann dir nur gut tun!« kreischte der Papagei. »Wo du deine Nase so hoch trägst und uns alle von oben herab ansiehst!«

»Die Giraffe ist ein feines Tier!« brüllte das Nashorn. »Und du bist ein Schreihals!«

Da war der Papagei so beleidigt, daß er in Ohnmacht fiel.

»Und du bist häßlich!« wieherte das Nilpferd dem Nashorn zu.

Und weil das Nashorn eine sehr zarte Seele hat, fing es gleich an zu weinen.

»Ruhe!« schrie der kleine Zoowärter. »Beruhigt euch doch!«

Aber die Tiere hörten nicht auf ihn. Das Lama spuckte den Wolf an, der Löwe rüttelte an den Gitterstäben, das Kamel rollte mit den Augen, und der Bär scharrte vor Wut in der Erde, daß es eine riesige Staubwolke gab. Die Flamingos schlugen sich gegenseitig die Flügel um die Ohren, der Seehund behauptete, der Wolf sei falsch, und der Wolf bellte, der Schakal sei durch und durch unmusikalisch.

Da holte der kleine Zoowärter zwei Topfdeckel und schlug sie gegeneinander, bis endlich alle Tiere verstummten.

»Hört zu«, sagte er, »jedes Tier hat gute und schlechte Eigenschaften. Und jedes Tier ist richtig so, wie es ist. Ihr solltet euch schämen, einander zu beschimpfen!«

Da schämten sich die Tiere wirklich. Und weil sie außerdem müde waren, schliefen sie bald darauf ein. Nur der Pinguin konnte nicht schlafen. Und als der kleine Zoowärter auf seiner nächtlichen Runde bei ihm vorüberkam, sprach er ihn an.

»Kleiner Zoowärter«, fragte er, »glaubst du, daß ich ein schmutziges Hemd unter dem Frack trage?«

Da mußte der kleine Zoowärter lachen.

»Nein«, antwortete er. »Die Pinguine tragen unter ihrem Frack blütenweiße Spitzen.«

Und er ging weiter durch den Zoo, der so still war, als sei nichts gewesen.

Der kleine Zoowärter und der Junge

An einem frühen Abend, als eben alle Besucher gegangen waren, herrschte große Aufregung im Zoo. Der Schakal heulte, der Esel schrie, der Storch klapperte mit seinem langen Schnabel, der Tiger fauchte, und alle Affen kreischten.

»Was ist geschehen?« fragte der kleine Zoowärter.

»Schlimmes ist geschehen!« schrien die Tiere. »Schlimmes!«

Da trat der alte Pavian hervor.

»Ein kleiner Junge hat einen Stein geworfen«, sprach er. »Mitten in den Affenkäfig.«

Der kleine Zoowärter erschrak.

»Hat er getroffen?« fragte er bestürzt.

»Nein«, sagte der alte Pavian. »Aber wir haben uns gefürchtet. Wir wollen, daß er sich entschuldigt!«

»Wie soll ich ihn finden?« meinte der kleine Zoowärter, und er versuchte, die Tiere zu beruhigen. Aber die Tiere ließen sich nicht beruhigen, und bis tief in die Nacht hinein wisperte und flüsterte es.

Am anderen Tag, als die Menschen kamen, wandten alle Tiere den Besuchern ihre Rückseite zu. Nicht ein einziges Tier zeigte sein Gesicht. Und so sehr die Leute auch lockten, es änderte sich nichts.
»Oh, großes Unglück, warum tut ihr das?« fragte der kleine Zoowärter verzweifelt.
»Wir wollen, daß der Junge kommt!« knurrte der Pavian. »Der kleine Junge, der sich entschuldigen muß.«
Da schrieb der kleine Zoowärter ein großes Schild. »Der Junge, der den Stein in den Affenkäfig geworfen hat«, schrieb er, »soll kommen und sich entschuldigen. Wenn er nicht kommt, ist er ein Feigling.«
Und er trug das Schild vor sich her und marschierte damit durch die ganze Stadt. Dann ging er zurück in den Zoo und wartete. Und alle Tiere warteten mit ihm.
Es dauerte nicht lange, da öffnete jemand zaghaft das Tor, und ein kleiner Junge schob sich herein.
»Ich bin kein Feigling«, sagte er. »Guten Tag.«
»Guten Tag!« polterte der Elefant, und er packte das Kerlchen mit seinem Rüssel am Kragen und hob es hoch in die Luft.
»Du hast den Stein geschmissen«, rief der alte Pavian, »dafür werden wir dich mit Bananen bewerfen!«
»Ich spritze dich naß!« schrie der Seehund.
»Wir picken dich!« zwitscherten die Vögel.
»Ich spucke dich an!« kreischte das Lama, und das Nashorn wollte ihn mit seinem Nashorn kitzeln.
Da begann der Junge jämmerlich zu weinen, und die Nase lief ihm auch.
»Nun ist es genug«, sagte der kleine Zoowärter. »Wenn ihr ihm Angst macht, seid ihr nicht besser als er.«
»Tut es dir leid?« fragte er den kleinen Jungen.
Und da nickte der, daß man fürchten mußte, alle Sommersprossen fielen ihm aus dem Gesicht. Man sah, daß es ihm ernst war.
Der Elefant setzte ihn behutsam nieder, und die Tiere wurden still.
Der kleine Junge aber ging wieder nach Hause, und von dem Tag an hat nie mehr jemand im Zoo mit einem Stein geworfen.
 Ja, und nun kann man die Tiere auch wieder von vorne sehen.

Der kleine Briefträger

Der kleine Briefträger findet eine Sonntagsbeschäftigung

In der Woche ist der kleine Briefträger beschäftigt. Von morgens bis abends ist er beschäftigt. Und in den Nächten schläft er. Wenn es aber Sonntag wird, und die anderen Leute zu zweit spazierengehen, fühlt der kleine Briefträger sich einsam.
»Trali, trala«, singt er, damit es nicht so still ist.
Er kocht sich ein Frühstücksei und liest die Annoncen in der Zeitung. Und dann begießt er seinen kleinen Kaktus und schaut zum Fenster hinaus.
»Ich werde mir ein Fahrrad kaufen«, denkt er eines Tages. »Dann fahre ich umher und schaue mir die Welt an.«
Und er kauft sich ein blitzendes Fahrrad mit einer Klingel. Damit ihn aber die Leute nicht auslachen, weil er doch noch gar nicht radfahren kann, probiert er es erst einmal nachts. Er fährt im Zickzack die Straßen entlang, und der Mond hängt vor lauter Lachen ganz schief am Himmel.
»Bums«, landet der kleine Briefträger an einem Baum. Aber zum Glück ist dem Baum nichts passiert, und dem kleinen Briefträger auch nicht, und so kann er weiterfahren. Und gegen Morgen klappt es dann auch schon wunderbar.
Aber als der kleine Briefträger am nächsten Sonntag die Landstraße entlangradelt, fühlt er sich trotzdem nicht glücklich.
»Es ist, weil ich immer allein bin«, denkt er. »Ein Fahrrad ist schließlich kein Mensch!«
Vielleicht wäre der kleine Briefträger immer ein bißchen traurig geblieben, wenn er nicht eines Tages den Sommersprossen-Udo getroffen hätte. »Warum weinst du denn?« fragt der kleine Briefträger mitleidig.
»Huh!« heult der Udo. »Mir ist die Kanne hingefallen. Die ganze Milch ist weg!«
Da greift der kleine Briefträger in seine Tasche.
»Hier ist Geld«, sagt er. »Lauf zur Milchfrau und kauf neue.«
 »Und wenn sie keine mehr hat?« schluchzt der Udo.

»Sie hat schon noch welche«, meint der kleine Briefträger. »Geh nur.«
»Woraus macht die Milchfrau die Milch?« fragt der Udo plötzlich mit tellerrunden Augen.
»Aber Udo!« sagt der kleine Briefträger. »Die Milch kommt von den Kühen. Hast du denn noch nie eine Kuh gesehen?«
»Nein«, sagt der Udo traurig.
Und da weiß der kleine Briefträger mit einemmal, was er sonntags tun wird. Er radelt mit dem Sommersprossen-Udo aufs Land und zeigt ihm die Kühe. Die Pferde und die Schweinchen zeigt er ihm auch. Und weil es in der Stadt noch mehr Kinder gibt, die die Tiere nicht kennen, fährt der kleine Briefträger jeden Sonntag mit ihnen hinaus.
Und nun freut er sich schon die ganze Woche auf den Sonntag.

Der kleine Briefträger schreibt Briefe

Morgens um sieben ist die Tasche des kleinen Briefträgers schwer, um neun ist sie ein bißchen leichter, und um elf wiegt sie gerade so viel, daß der kleine Briefträger ein Liedchen vor sich hinpfeift. Am Mittag aber ist sie leer bis auf einen einzigen Brief. Und diesen Brief bekommt die Oma Rumpelputz.

Die Oma Rumpelputz wohnt in dem kleinen Haus am Waldrand. Im Sommer steht eine Sonnenblume vor ihrem Fenster und im Winter ein Schneemann. Und weil die Oma Rumpelputz immer gut gelaunt ist, geht der kleine Briefträger gerne zu ihr.

»Guten Tag, kleiner Briefträger!« ruft sie. »Hat mir der Otto aus der großen Stadt geschrieben?«

Und der bunte Papagei setzt sich auf den Kopf des kleinen Briefträgers und fragt das gleiche noch einmal. Der Otto ist Oma Rumpelputz' Sohn, und für ihn strickt sie Strümpfe. Jeden Tag strickt sie einen neuen Strumpf.

»Ist der Otto ein Tausendfüßler?« fragt der kleine Briefträger.

Aber da schaut ihn die Oma Rumpelputz über ihre Brille hinweg nur groß an.

»Lies mir vor, was er schreibt«, bittet sie.

Da öffnet der kleine Briefträger den Umschlag und liest:

»Mir geht es gut. Wie geht es dir?« schreibt der Otto, und das schreibt er alle Tage.

Sie essen zusammen ein Schüsselchen Milchsuppe, die Oma Rumpelputz, der kleine Briefträger und der Kater Wuschemusch, dann geht der kleine Briefträger heim.

Eines Tages aber hat der Otto aus der großen Stadt keinen Brief geschrieben. So sehr der kleine Briefträger auch im Postsack wühlt – er kann nichts finden. Da weint die Oma Rumpelputz die frischgestrickten Socken naß, der Papagei läßt die Flügel hängen, und der Kater Wuschemusch macht die Augen zu.

Und als am nächsten Tag wieder kein Brief vom Otto dabei ist, tut der kleine Briefträger etwas ganz und gar Verbotenes: Er schreibt

den Brief an die Oma Rumpelputz einfach selber. Zuerst kaut er eine Weile auf seinem Federhalter herum, denn er weiß nicht so recht, was er schreiben soll. »Es geht mir gut« kann er nicht schreiben, denn er weiß ja nicht, ob es dem Otto gut geht.
»Viele Grüße, Otto«, liest er am Mittag vor.
»Das hat er noch nie geschrieben«, wundert sich die Oma Rumpelputz, aber sie freut sich trotzdem.
Fünf Tage lang schreibt der kleine Briefträger die Briefe, die eigentlich der Otto schreiben müßte. Und dabei hat er ein so schlechtes Gewissen, daß er nachts nicht schlafen kann. Er läuft umher, und selbst dem Mond kann er nicht ins Auge sehen.
Am sechsten Tag aber kommt endlich wieder ein Brief vom Otto aus der großen Stadt. »Mir geht es gut«, steht darin, »wie geht es dir?«
Da ist der kleine Briefträger so glücklich, daß er mit der Oma Rumpelputz ein Tänzchen tanzt. Warum aber der Otto fünf Tage nicht geschrieben hat, das hat der kleine Briefträger nie erfahren.

Der kleine Briefträger und Petronella

Eines Tages klopfte es heftig an die Tür des kleinen Briefträgers.
»Herein«, rief er.
Da betrat eine dicke Frau das Zimmer. Der kleine Briefträger hatte sie nie zuvor gesehen.
»Das muß anders werden!« rief sie. »Der Briefkasten ist zu klein!«
»Aber er war immer so«, meinte der kleine Briefträger.
»Ich will etwas verschicken«, sagte die dicke Frau. »Und das paßt nicht hinein.«
»Ist es ein Brief?« fragte der kleine Briefträger. »Oder ist es vielleicht ein Päckchen?«
Die Frau griff in ihre Tasche und holte ein gestreiftes Kätzchen hervor.

»Es heißt Petronella«, erklärte sie, »und ich will es der Frau Heimchen schicken. Die Frau Heimchen ist nämlich furchtbar einsam. Und nachts hat sie kalte Füße. Dagegen ist ein Kätzchen gut.«
»Hm«, machte der kleine Briefträger, und er versuchte, das Kätzchen in ein großes Kuvert zu stecken.
»Nein, ein Brief ist es nicht. Dann muß ich es zu einem Päckchen verschnüren.«

Aber sobald das Kätzchen die Kordel sah, fing es an, damit zu spielen, und der kleine Briefträger konnte kein Päckchen aus ihm machen. Da wurde es dem kleinen Briefträger zu dumm. Er klebte dem Kätzchen drei Briefmarken zu zwanzig auf den Kopf und steckte es in seine Posttasche.

»Danke schön«, sagt die dicke Frau. »Auf Wiedersehen.«

Sie rückte ihren Hut gerade und ging.

Auch der kleine Briefträger machte sich auf den Weg. Eigentlich wohnte die Frau Heimchen ja ganz in der Nähe. Aber weil das Kätzchen Petronella dem kleinen Briefträger so gut gefiel, nahm er es noch ein Weilchen mit. Endlich aber waren alle Briefe ausgetragen, und da mußte er zu Frau Heimchen gehen.

»Die Morgenpost!« rief er, und er zog das Kätzchen hervor und setzte es auf den Küchentisch.

»Huch!« schrie die Frau Heimchen. »Ich will kein Kätzchen!«

»Sie sind einsam«, sagte der kleine Briefträger. »Und nachts haben Sie kalte Füße. Dagegen ist ein Kätzchen gut.«

»Ich bin nicht einsam«, erwiderte die Frau Heimchen ärgerlich. »Ich besitze einen Gummibaum. Und außerdem habe ich keine kalten Füße, sondern Zahnschmerzen. Dagegen hilft ein Kätzchen überhaupt nicht.«

Das sah der kleine Briefträger ein, und darum nahm er Petronella wieder mit.

»Ich muß sie der dicken Frau zurückgeben«, dachte er.

Aber leider hatte er den Absender nicht vermerkt. Das darf natürlich einem Briefträger eigentlich nicht passieren. Und weil er nun nicht wußte, wo die dicke Frau wohnt, schaute er in die Fenster aller Häuser und suchte sie. Aber überall erblickte er nur dünne Frauen, Männer und Kinder. Da wurde der kleine Briefträger sehr fröhlich.

»Petronella«, sagte er, »nun muß ich dich behalten.«

Und es fiel ihm ein, daß er manchmal auch ein bißchen einsam war, und es war auch schon vorgekommen, daß er kalte Füße hatte. Der kleine Briefträger und das Kätzchen Petronella sind sehr glücklich miteinander geworden. Morgens, mittags und abends sind sie glücklich und nachts in ihren Träumen auch.

Der kleine Briefträger und die Geburtstagspäckchen

Im Winter schreiben die Leute einander immerzu. Dicke Briefe schreiben sie sich, und das liegt daran, daß sie sich langweilen. Und manchmal sind sie auch krank.

»Ich denke an dich«, schreiben sie, und: »Kennst du schon die Schnupfensalbe Nasenfit?«

Da muß der kleine Briefträger viele Stunden am Tage laufen, um alle Briefe auszutragen. Im Frühling kommen dann die Liebesbriefe. Die sind leicht wie ein Hauch, und manche riechen auch gut. Dann freut sich der kleine Briefträger, denn alle Leute, die einen solchen Brief bekommen, machen ein glückliches Gesicht.

Wenn es aber Sommer wird, hat der kleine Briefträger auch ein bißchen Zeit für sich. Im Sommer schreiben die Leute nicht gern. Sie liegen auf dem Balkon, schauen den Wolken nach und sind faul. Und der kleine Briefträger macht es ebenso.

Nur am dreizehnten August, gerade während der größten Hitze, gibt es immer furchtbar viel Arbeit für ihn. Am dreizehnten August haben nämlich der Herr Nimmermüd und die Frau Tingel Geburtstag. Der Herr Nimmermüd und die Frau Tingel sind einander spinnefeind, und daß sie ausgerechnet an einem Tag Geburtstag haben, ist ein dummer Zufall.

In diesem Jahr sind noch mehr Päckchen gekommen als sonst. Hin und her läuft der kleine Briefträger, und zwischendurch setzt er sich auf den Bürgersteig und seufzt ein bißchen.

Der dicke Hund vom Metzgermeister Hammelbein schaut ihm schon eine ganze Weile zu.

Und endlich tut ihm der kleine Briefträger so leid, daß er beschließt, ihm zu helfen. Er packt die größten Pakete und trägt sie in der Schnauze fort.

»Danke schön«, sagt der kleine Briefträger. »Das ist lieb von dir.«

So laufen sie nun beide hin und her. Aber leider hat der kleine Briefträger nicht bedacht, daß der Hund nicht lesen kann. Und so ist es passiert, daß er die Päckchen verwechselt hat.

»So was!« wundert sich die Frau Tingel. »Wer schickt mir denn schwarze Zigarren?«

Und der Herr Nimmermüd schnuppert erstaunt an einer Flasche Veilchenparfüm.

»Socken Größe 45!« Die Frau Tingel schüttelt den Kopf. »Und ein Rasierpinsel?«

Und in demselben Augenblick packt der Herr Nimmermüd einen Lippenstift und Stöckelschuhe aus. Doch als er auch noch ein Spitzenhemdchen findet, wird ihm klar, was geschehen ist, und er rennt los, um mit der Frau Tingel zu streiten.

Die Frau Tingel hat sich eben einen Zylinderhut auf den Kopf gestülpt, und weil der Herr Nimmermüd sich das Spitzenhemdchen vor den Bauch hält, sehen sie beide so komisch aus, daß sie lachen müssen. Wenn man aber erst einmal miteinander gelacht hat, ist bald alle Feindschaft vergessen.

Der Herr Nimmermüd und die Frau Tingel feiern jetzt ihren Geburtstag zusammen. Das verdanken sie nur dem kleinen Briefträger. Das heißt, genaugenommen verdanken sie es dem dicken Fleischerhund, der nicht lesen kann. Aber der hat die Sache längst vergessen. Er liegt im Schatten und schläft.

Der kleine Briefträger und die Hunde

Zwischen den Briefträgern und den Hunden besteht eine uralte Feindschaft. Das heißt, im Grunde ist es nichts als ein Mißverständnis. Die Hunde glauben nämlich, daß die Briefträger nur kommen, um sie zu ärgern, und die Briefträger denken, daß die Hunde böse sind. Das stimmt natürlich beides nicht ganz. Aber damit hängt es zusammen, daß die meisten Briefträger geflickte Hosen tragen.

Auch der kleine Briefträger hat Schwierigkeiten mit den Hunden. Der Mops von der Frau Suppenkloß hat ihn zum Beispiel schon

zweimal gebissen, der Dackel vom Herrn Nimmermüd hat ihm ein Stück Stoff aus der Hose gezupft, und der zottige Schnauzer fletscht ihn von Tag zu Tag grimmiger an.
»Er wird mich spätestens nächste Woche beißen«, sagt der kleine Briefträger zum Schutzmann.
»Du mußt energisch auftreten«, meint der Schutzmann. »Nimm einen Knüppel mit!«
Am nächsten Tag bewaffnet sich der kleine Briefträger mit einem Stock, und dazu plustert er sich ordentlich auf, damit er etwas größer wirkt. »Kusch!« sagt er zu den Hunden.
Aber schon hat ihm der Bernhardiner Grobetrott den Stock abgenommen, und Pumpel, der Pekinese, beißt ihn ins Bein.
»Aua!« schreit der kleine Briefträger.
Er läßt alle Briefe fallen und macht sich davon.
»Es wird immer schlimmer«, sagt er zur Oma Rumpelputz. »Was soll ich nur tun?«
»Du mußt freundlich zu den Hunden sein«, rät sie, »und ihnen die Köpfe streicheln.«
Doch als der kleine Briefträger sich über die Hunde beugt, um sie zu streicheln, da verstehen die Hunde ihn nicht.
»Gestern hat er einen Stock mitgebracht«, sagen sie sich, »und heute faßt er uns an. Da kann etwas nicht stimmen!«
Und so beißen sie ihn vorsichtshalber ein bißchen. Da ist der kleine Briefträger furchtbar verzweifelt. Und weil man, wenn man verzweifelt ist, vor allen Dingen gut essen soll, geht er zum Metzgermeister Hammelbein und kauft sich ein Kotelett. Der Herr Hammelbein ist ein verständiger Mensch. So erzählt ihm der kleine Briefträger von seinem Kampf mit den Hunden.
»Haha!« lacht der dicke Metzgermeister, und er gibt dem kleinen Briefträger einen guten Rat.
Am anderen Morgen legt sich der kleine Briefträger einen Kranz aus Würstchen um den Hals. Und da riechen die Hunde augenblicklich, daß der kleine Briefträger es gut mit ihnen meint. Sie wedeln mit den Schwänzen und machen freundliche Hundegesichter, und der kleine Briefträger schenkt jedem von ihnen ein Würstchen.

Und weil er noch eine Weile sehr gut nach Würstchen riecht, folgen ihm die Hunde auf Schritt und Tritt. Einmal ist natürlich dann auch der Duft verflogen, aber die Hunde haben den kleinen Briefträger trotzdem nie mehr gebissen.

Das ist nämlich so bei den Hunden: Wen sie einmal gern haben, den haben sie für immer gern, ein ganzes Hundeleben lang.

Der kleine Briefträger und die Meisen

Jeden Abend um sieben leert der kleine Briefträger den gelben Postkasten aus, und bisher ist dabei nie etwas Besonderes vorgefallen. An einem warmen Frühlingsabend jedoch war es ihm, als höre er im Inneren des Briefkastens ein zartes Geräusch.
»Ist da jemand?« rief der kleine Briefträger überrascht.
»Piep«, antwortete es, und eine Meise flog heraus.
»Was machst du da drin?« fragte der kleine Briefträger.
Aber die Meise zwitscherte etwas Unverständliches.
»Bestimmt baut sie ein Nest!« fiel es dem kleinen Briefträger ein. »Das ist verboten«, sagte er.
Doch die Meise hörte nicht zu. Da klebte der kleine Briefträger ein Schild auf den Kasten: »Bitte nicht stören. Bewohnt.«
Und er erzählte die Neuigkeit den Leuten.
»Oh, wie schön!« rief der Herr Nimmermüd. »Im Kasten liegt bestimmt die Kohlenrechnung für mich. Wenn ich sie nicht bekomme, brauche ich sie auch nicht zu bezahlen!«
»Aber ich«, schrie die Frau Tingel, »habe eben einen Brief an meine beste Freundin eingeworfen! Wie soll sie nun erfahren, daß mein neues Kleid schöner ist als das ihre?«
Die Oma Rumpelputz aber lächelte mit traurigen Augen.
»Die kleinen Meisen sind lieb«, sagte sie. »Aber leider liegt im Briefkasten ganz sicher der Brief mit meiner Rente. Wovon soll ich nun leben?«
Das wußten die Leute auch nicht. Sie schauten die Oma Rumpelputz mitleidig an und schwiegen.
Der kleine Briefträger legte seine Mütze unter den Briefkasten.
»Hier könnt ihr nun eure Post hineinwerfen«, sagte er.
Und weil es dunkel wurde, gingen sie alle nach Hause. Dem kleinen Briefträger aber fiel unterwegs etwas ein. Er lief zurück, zog seinen linken Schuh aus und stellte ihn neben die Mütze.
»Für Oma Rumpelputz«, schrieb er auf einen Zettel, und er selbst warf die erste Münze hinein.

Am nächsten Morgen war so viel Geld im Schuh, daß die Oma Rumpelputz Erbsensuppe mit Speck kochen konnte. Und auch an den folgenden Tagen war er niemals leer.

Die Meisen aber brüteten ihre Jungen aus, und die Jungen wuchsen heran.

»Ob sie heute ausfliegen?« fragten sich die Leute gegenseitig, und sie standen um den Briefkasten und warteten. Auch der Kater Wuschemusch kam ab und zu vorbei. Aber der hatte keine guten Absichten, man sah es ihm an den Augen an.

Endlich, an einem sonnigen Nachmittag, verließen sechs kleine Meisen das Nest.

»Hurra!« schrien die Leute.

Und sie waren so stolz, als seien sie die Eltern.

Der kleine Briefträger setzte seine Mütze auf und zog den linken Schuh an, und alles war wieder wie früher.

Der kleine Briefträger macht Urlaub

Wenn die Urlaubszeit kommt, werden die Leute in der Stadt unruhig.

»Ich möchte an die Nordsee fahren«, sagt die Frau Tellerlein. »Aber wer gießt meine Geranien?«

»Ich mache das schon«, verspricht der kleine Briefträger.

»Ich will nach Italien«, erklärt der Herr Hammelbein. »Aber wer versorgt meinen Hund?«

»Ich«, sagt der kleine Briefträger.

Da aber fast alle Leute gleichzeitig fortfahren, hat er eine Menge zu tun. Er kocht für den Kater Wuschemusch, führt fünf Hunde aus, gießt Blumen, wischt Staub und lüftet. Und weil der Herr Nimmermüd vergessen hat, die Brötchen und die Milch abzubestellen, muß er obendrein jeden Tag eine Flasche Milch austrinken und fünf

Brötchen essen. Das alles tut der kleine Briefträger gern. Aber einmal beschließt er, nun selber auch Urlaub zu machen.
»Sehr geehrte Post«, schreibt er in einem Brief. »Ich bitte um einen Urlaubsvertreter.«
Und die Post antwortet: »Urlaubsvertreter kommt mit Eisenbahn siebzehn Uhr zehn.«
Da steht der kleine Briefträger auf dem Bahnhof und schaut sich um. Aber aus dem Zug steigen nur zwei dicke Frauen, sonst kann der kleine Briefträger niemanden entdecken.
»Hier bin ich«, sagt da eine dünne Stimme hinter ihm.
»Du!« fragt der kleine Briefträger fassungslos. »Aber du bist doch ein Vogel!«
»Ich bin eine Brieftaube«, piepst die Urlaubsvertretung. »Und ich bin tüchtig!«
»So«, meint der kleine Briefträger. »Na ja.«
Und sie gehen miteinander nach Hause. Weil aber der kleine Briefträger kein rechtes Vertrauen zu der winzigen Taube hat, beschließt er, doch lieber nicht fortzufahren.
»Wenn du mich brauchst, kannst du mich holen«, sagt er. »Ich mache Urlaub im Stadtpark.«
Und er nimmt fünfzehn hartgekochte Eier mit und einen großen Topf voll Kartoffelsalat und geht.

Im Stadtpark legt sich der kleine Briefträger mitten in eine duftende Wiese und schaut den Wolken nach. Er planscht im Seerosenteich, schaukelt in den Ästen einer Birke, und wenn es einmal regnet, kriecht er unter den Holunderbusch.

Jeden Morgen fliegt die Brieftaube über ihn hinweg und winkt ihm mit dem Flügel zu. »Es ist alles in Ordnung!« bedeutet das.

Der kleine Briefträger aber genießt den schönsten Urlaub seines Lebens. Denn weil die Leute alle nach Italien gefahren sind, nach Spanien und an die Nordsee, ist es im Stadtpark still und friedlich.

Und als er endlich wieder nach Hause kommt, hat die Brieftaube wirklich alle Post besorgt.

»Danke schön!« ruft der kleine Briefträger, als sie davonfliegt. »Im nächsten Jahr hole ich dich wieder!«

Lächelnd streicht er eine winzige Delle in seinem Kopfkissen glatt.

»Da hat sie geschlafen«, überlegt er. »So klein ist sie!«

Und er denkt, daß es auf die Größe nicht ankommt.

Der kleine Briefträger und die Post

Jeden Tag bringt der kleine Briefträger den Leuten die Post. Aber er selbst bekommt niemals einen Brief.
»Ach, wie schade, daß niemand an mich denkt!« seufzt er manchmal.
Und eines Tages hat er beschlossen, sich selber zu schreiben.
»An den kleinen Briefträger«, malt er auf das Kuvert.
Und dann macht er die Augen zu und schreibt. Denn, was in dem Brief steht, soll er ja erst erfahren, wenn er bei ihm ankommt. Aber als er den Brief dann einen Tag später aufreißt, stehen nur lauter Krickelkrakel darin, und davon wird der kleine Briefträger noch viel trauriger.
Doch es dauert nicht lange, da bekommt er tatsächlich einen Brief. Es ist ein schöner Brief mit einem großen, amtlichen Stempel darauf.
»Mit dem heutigen Tag«, liest der kleine Briefträger stolz den Leuten vor, »wird der kleine Briefträger zum Oberbriefträger ernannt. Die Post.«
Da machen die Leute große Augen. Und der kleine Briefträger geht nach Hause und näht sich vier goldene Knöpfe an die Uniform.
»Eigentlich ist die Post doch wirklich sehr nett«, denkt er, als er abends im Bett liegt.
Und er steht wieder auf und schreibt einen Brief. »Liebe Post«, schreibt er. »Ich lade dich recht herzlich zu Kaffee und Kuchen ein. Bring auch alle Briefträger mit. Viele Grüße, der kleine Briefträger, der jetzt Oberbriefträger ist.«
Und von da an wartet der kleine Briefträger auf seinen Besuch. Jeden Tag zieht er ein frisches Hemd an, und abends stellt er eine Kerze ins Fenster, damit die Post ihn auch findet.
Und eines Nachmittags hält tatsächlich ein Auto vor seiner Tür. Vier Briefträger steigen aus.
»Guten Tag!« ruft der kleine Briefträger erfreut. »Herzlich willkommen!«

Da hält auch schon ein zweites Auto. Ein drittes Auto fährt vor, ein viertes, ein fünftes, ein sechstes und immer so weiter. Und aus jedem Auto steigen vier Briefträger.
»Wie schön, daß ihr gekommen seid!« ruft der kleine Briefträger, und er kocht Kaffee in allen Töpfen, die er finden kann.
»Aber«, fällt es ihm da ein, »wo ist denn die Post?«
Seine Gäste schauen einander an und wissen es auch nicht.
»Die Post«, erklärt endlich ein alter Briefträger, »ist nur ein Wort für uns alle. Wir alle zusammen sind die Post. Jeder von uns ist ein Stückchen davon.«
Da freut sich der kleine Briefträger sehr. Er holt Wein aus dem Keller, und sie stoßen miteinander an.
»Auf die Post«, sagen sie. »Auf uns!«
Seit diesem Tage sind alle Briefträger miteinander befreundet. Und der kleine Briefträger bekommt nun auch manchmal einen Brief.
»Wie schön«, sagt er dann. »Irgendwo denkt jemand an mich.«

Der kleine Briefträger und das Klavier

Wenn die Briefträger sich treffen, plaudern sie ein bißchen miteinander.
»Ich habe kürzlich ein Paket befördert, das war so groß wie ein Kleiderschrank«, sagt der eine.
»Das ist noch gar nichts!« meint ein anderer. »In Amerika schicken sie die Autos mit der Post!«
»Und in Afrika die Elefanten!« ruft ein dritter.
»So was!« staunt der kleine Briefträger. »Ich habe immer nur Päckchen und Briefe.«
Und fast bedauert er das ein wenig. Aber ein paar Tage später kommt auch bei ihm eine außergewöhnliche Sendung an. Es ist ein Klavier.
»An den Herrn Spinnerich«, steht darauf. »Zerbrechlich.«

»O weh!« sagt der kleine Briefträger. »Das kann ich nicht tragen!« Und auch nachdem er Eier mit Speck gefrühstückt hat und sich die Ärmel hochrollt, schafft er es nicht.
So klingelt der kleine Briefträger den Herrn Spinnerich heraus. Der Herr Spinnerich spielt gerade eine Sonate in Moll auf seiner Trompete. Aber leider ist er so dürr wie eine junge Trauerweide. Er kann das Klavier auch nicht tragen.
So gehen sie miteinander zu den Möbelpackern. Doch die Möbelpacker streiken.
»Wir arbeiten nicht«, erklären sie. »Wir trinken nur Bier!«
Und sie prosten sich zu und lassen den Herrn Spinnerich und den kleinen Briefträger einfach stehen.
»Sie müssen das Klavier bringen«, sagt der Herr Spinnerich zum kleinen Briefträger.
»Sie müssen es holen«, gibt der kleine Briefträger zurück.
Und weil sie sich nicht einig werden, gehen sie jeder in einer anderen Richtung davon und schauen sich nicht mehr an. Drei Tage laufen sie aneinander vorbei und grüßen sich nicht. Dann aber, eines Abends, klopft es zaghaft an die Tür des kleinen Briefträgers. Es ist der Herr Spinnerich.
»Ich habe mir gedacht«, meint er, »daß ich vielleicht einmal auf meinem Klavier spielen könnte.«
»O ja!« freut sich der kleine Briefträger. »Das wäre schön!«
So macht der Herr Spinnerich Musik, und der kleine Briefträger schließt die Augen und lauscht. Und weil sie davon beide sehr glücklich werden, kommt ihnen ein guter Gedanke: Sie lassen das Klavier beim kleinen Briefträger stehen, und der Herr Spinnerich kommt nun jeden Abend und spielt darauf. So werden sie schließlich Freunde.
Und wenn der kleine Briefträger sich einmal einsam fühlt – in einer der langen Winternächte vielleicht –, steht er auf und tippt mit dem kleinen Finger auf das hohe C. Das ist dann fast, als ob jemand zu ihm spricht.

Der kleine Briefträger vergißt die Post

Jeden Vormittag trägt der kleine Briefträger die Post aus, und er ist so zuverlässig wie die Rathausuhr. »Die Morgenpost!« ruft er, und alle Leute haben schon auf ihn gewartet.
Eines Tages aber sollte es anders kommen. Schon in der Nacht war ein Wind gegangen, süß und lind, und hatte die Gardinen gebläht. Und am Morgen war der Frühling da. Der kleine Briefträger merkte es sofort. Er packte seine dicken Socken weg und lief hinaus. Die Post nahm er natürlich mit, denn eigentlich hatte er ja vor, wie immer die Briefe auszutragen.
Die Bäume hatten winzige Blättchen, und weiße Wölkchen liefen am Himmel entlang wie Angorakaninchen.
»Oh, wie schön!« dachte der kleine Briefträger, und er blieb stehen,

um ein Gänseblümchen zu betrachten, das zwischen dem Kopfsteinpflaster wuchs.
Die kleinen Katzen saßen in der Sonne und putzten sich, die Frauen trugen Blumenhüte, und die Kinder spielten Ringelreihn. Mit einemmal aber sah der kleine Briefträger einen wunderschönen Schmetterling. Und weil Schmetterlinge in der Stadt so selten sind wie Schneemänner in Afrika, dachte der kleine Briefträger nicht mehr an seine Post und lief ihm nach. Die Hauptstraße lief er entlang, zwischen den Autos hindurch, quer über den Markt, wo die Gemüsefrauen die Sonnenschirme aufgespannt hatten, zweimal um den Stadtbrunnen, durch fünfzehn enge Gäßchen, geradewegs hinein in den Park.
Da duftete es nach Blüten und Blumen, die Pfauen spreizten ihre Federn, die Enten watschelten im Kreis, und die Eichhörnchen schlugen Purzelbäume.
»Es ist Frühling! Es ist Frühling!« zwitscherten die Vögel.
Da wurde der kleine Briefträger so fröhlich, daß er eine Birke umarmte. Eine Weile lief er noch dem hübschen Schmetterling nach, dann fühlte er sich plötzlich müde. Vielleicht lag es ja daran, daß er in der Eile die Schuhe verkehrt herum angezogen hatte, den linken rechts und den rechten links. Jedenfalls legte sich der kleine Briefträger unter einen blühenden Strauch und schlief ein.
Plötzlich aber weckte ihn ein frecher Frühlingswindstoß. Und als der kleine Briefträger die Augen öffnete, sah er eben noch, wie seine Morgenpost hoch durch die Luft wirbelte.
»Hilfe!« schrie er. »Zu Hilfe!«
Da flogen alle Vögel herbei und jagten dem Wind die Briefe ab. Und es dauerte nicht lange, da war die Posttasche des kleinen Briefträgers wieder voll.
»Danke schön!« rief er, und er lief schnell zurück in die Stadt. »Was werden die Leute wohl sagen?« dachte er. Doch dann kam ihm eine Idee. »Die Mittagspost!« rief er. »Die Mittagspost!« Da flüsterten die Leute einander zu: »Seht nur, wie fleißig der kleine Briefträger ist! Jetzt bringt er auch noch mittags Post!«
Und so ist das Frühlingsabenteuer des kleinen Briefträgers noch einmal gut ausgegangen.

Der kleine Schornsteinfeger

Der kleine Schornsteinfeger und der Liedermacher

Wenn der Winter vorüber ist, kehrt der kleine Schornsteinfeger die Dächer ab, denn Staub und Schmutz mag er nicht leiden. Und wenn dann alles sauber ist, geht er nur noch in Pantoffeln.
So war er einmal höchst erstaunt, als er auf den Dächern lauter schmutzige Fußspuren vorfand.
»Jemand muß hier oben sein«, dachte er, und er machte sich auf die Suche. Der kleine Schornsteinfeger mußte lange gehen, bis er auf dem letzten Dach einen Mann traf. Er hatte einen Bart und saß ganz still.
»Guten Tag«, sagte der kleine Schornsteinfeger, »du hast mir alles schmutzig gemacht.«
»Sei still«, sagte der Mann. »Ich bin ein Künstler.«
Da war der kleine Schornsteinfeger drei Minuten lang still. Dann aber hielt er es nicht mehr länger aus.
»Was machst du hier?« fragte er, und er hockte sich neben den Mann.
»Ich fange die Musik auf«, erklärte der. »Ich bin nämlich ein Liedermacher.«
Und er hob seine Flöte an die Lippen und spielte eine Melodie. Alle Vögel flogen herbei und lauschten.
»Weißt du«, sagte der Mann, der ein Liedermacher war, »die Musik ist überall. Man muß sie nur hören. Aber unten in der Stadt ist es so laut. Darum bin ich zu dir auf die Dächer gekommen.«
»Ich freue mich«, sagte der kleine Schornsteinfeger, »auch wenn du schmutzige Schuhe hast.«
»Horch!« flüsterte der Liedermacher.
Und er spielte dem kleinen Schornsteinfeger auf einer Geige vor, was er hörte.
Den ganzen Tag blieben die beiden zusammen, und der Liedermacher spielte auf vielen Instrumenten. Auf einer Gitarre zupfte er so fröhliche Liedchen, daß sie beide lachen mußten, zum Klang der Mundharmonika träumten sie, und die Trompete tönte so traurig,

daß sie plötzlich weinten. Da tupften sie einander die Tränen ab und verstanden sich.
Und es dauerte nicht lange, da hörte der kleine Schornsteinfeger die Musik, auch wenn der Liedermacher gar nicht spielte.
Am Abend, als der kugelrunde Mond über den Dächern schwebte, nahmen sie Abschied voneinander.
»Ich schenke dir eine kleine Melodie«, sagte der Liedermacher. »Kannst du sie hören?«
Da schloß der kleine Schornsteinfeger die Augen und lauschte der Musik, die nur ihm gehörte. Ein bißchen Nachtwind kam darin vor, Eulenschrei, Sternengefunkel und Blätterrauschen.
»Ich danke dir«, sagte er.
Und er schenkte dem Liedermacher seine Pantoffeln. »Du kannst sie ja anziehen«, meinte er, »wenn du wiederkommst.«
Und der Liedermacher hat es versprochen.

Der kleine Schornsteinfeger und die Störche

Früh am Morgen, wenn das erste Licht auf die Dächer fällt, beginnt der kleine Schornsteinfeger mit der Arbeit. Er fegt mit seiner großen Bürste die Kamine aus und freut sich, wenn sie sauber sind. Und zwischendurch winkt er den Raben zu, von denen er jeden einzelnen kennt. Und wenn eine der kleinen, weißen Wolken einmal besonders niedrig daherzieht, pustet er sie fort. Manchmal singt er auch ein Lied.
»Tief unten liegt die große Welt«, singt er, »wie gut es mir doch hier gefällt!«
Wird es aber Mittag, dann wird der kleine Schornsteinfeger immer ein bißchen müde. Er ist es nämlich gewohnt, ein Mittagsschläfchen zu halten. Im Frühling flog einmal die Storchenmutter daher, als er eben gähnte.

»Wir haben ein Nest auf dem Dach der Schule«, rief sie. »Wenn du müde bist, kleiner Schornsteinfeger, leg dich eine Weile hinein.«
Das ließ sich der kleine Schornsteinfeger nicht zweimal sagen. Schnell lief er zum Storchennest und streckte sich zwischen den kleinen Störchen aus. Und die machten ihm auch gerne Platz. Weich und warm war es im Storchennest, und fast wäre der kleine Schornsteinfeger eingeschlafen.
Da aber kam der Storchenvater. Und weil der Storchenvater ziemlich kurzsichtig war und keine Brille trug, dachte er, der kleine Schornsteinfeger müsse auch eines seiner Kinder sein.
»Er ist so schwarz«, dachte er, »ich will ihn einmal ordentlich füttern, vielleicht wird er hübscher.«
Und er brachte dem kleinen Schornsteinfeger einen dicken, grünen Frosch.
»Schnabel auf!« schrie der Storchenvater.
Der kleine Schornsteinfeger aber kriegte einen gewaltigen Schreck. Er mochte nämlich keine Frösche essen.
»Nein!« schrie er. »Nein!«
Da ließ der Storch den Frosch fallen und flog verärgert davon.
Der Frosch jedoch begann zu jammern, daß es den kleinen Schornsteinfeger erbarmte.
»Rette mich!« bat er. »Ich bin der Froschminister Quakefix.«
Da trug der kleine Schornsteinfeger den armen Quakefix von den Dächern hinunter zum Teich. Alle Frösche kamen herbei, und aus Dankbarkeit sangen sie dem kleinen Schornsteinfeger ein Lied. Zwei Strophen in Quonk sangen sie, und eine in Quenk.
Dem kleinen Schornsteinfeger wurde ganz warm ums Herz. Er ist dann wieder auf die Dächer gestiegen. Aber in ein Storchennest hat er sich nie wieder gelegt. Denn er wußte nun, daß die Störche andere Sitten haben.

Der kleine Schornsteinfeger und die Großmutter

Wenn der kleine Schornsteinfeger auf die Dächer steigt, wird er immer gleich fröhlich. Hier oben ist sein Reich, und niemand stört ihn. Er begrüßt die Vögel und pustet eine dicke Rauchsäule auseinander, dann macht er sich an die Arbeit.

Eines Morgens aber entdeckt er etwas höchst Verwunderliches. An der Spitze einer Antenne flattert ein Seidentuch im Wind.

»Hm«, meint der kleine Schornsteinfeger kopfschüttelnd. »Seltsam.«

Doch kaum ist er ein paar Schritte weitergegangen, da findet er ein Paar Schuhe.

»So was!« staunt der kleine Schornsteinfeger.

Hinter dem fünften Schornstein rechts aber entdeckt er endlich etwas völlig Ungewöhnliches. Da sitzt eine Großmutter in Pantoffeln und läßt die Stricknadeln klappern. Und neben ihr lehnt ein schwarzer Regenschirm.

»Das ist eine Überraschung!« stottert der kleine Schornsteinfeger. »Schönen guten Morgen.«

»Hallo!« sagt die Großmutter. »Zweiundzwanzig, dreiundzwanzig«, denn sie muß die Maschen zählen.

»Was machst du hier?« fragt der kleine Schornsteinfeger.

»Ich frühstücke jetzt«, entgegnet die Großmutter. »Und ich lade dich ein.«

Sie greift in ihren Regenschirm und holt frische Butterhörnchen hervor.

»Danke schön«, sagt der kleine Schornsteinfeger, und er läßt es sich schmecken.

»Ich bin fast hundert Jahre alt«, erklärt die Großmutter, während sie die Raben füttert. »Immer habe ich auf der Erde gelebt. Aber jetzt mag ich nicht mehr! Es ist so unruhig da unten. Schau es dir an!«

Und eine Weile blicken sie beide hinunter auf das Gewimmel von Autos und Menschen.

»Wird dich denn niemand vermissen?« fragt der kleine Schornsteinfeger.

»Ach nein«, meint die Großmutter. »Meinen Kanarienvogel habe ich nämlich mitgebracht.«
Und sie greift in ihren Regenschirm und holt einen Käfig hervor.
Der kleine Schornsteinfeger aber denkt, daß die Großmutter in der Nacht frieren wird.
»Großmütter gehören auf die Erde!« sagt er. »Sie sind wichtig.«
»Für wen?« fragt die Großmutter.
»Für die Frauen«, meint der kleine Schornsteinfeger. »Wer soll ihnen sonst die alten Kochrezepte sagen?«
»Das geht auch so!« behauptet die Großmutter, und sie greift in ihren Regenschirm und läßt bündelweise Kochrezepte auf die Erde hinunterregnen.
»Aber am wichtigsten sind Großmütter für die Kinder!« fällt es dem

kleinen Schornsteinfeger ein. »Wer soll ihnen Geschichten erzählen?«
»Hm«, grübelt die Großmutter. »Da hast du recht. Die Kinder sehen wirklich von hier oben ganz verloren aus. Auf Wiedersehen!«
Und sie packt den Vogelkäfig und schwebt mit ihrem geöffneten Regenschirm langsam zur Erde hinunter.
Der kleine Schornsteinfeger reibt sich lange die Augen.
»Vielleicht habe ich mich versehen«, denkt er sich. »Oder das war die erstaunlichste Großmutter der Welt!«

Der kleine Schornsteinfeger und die Kirchturmhennen

Eines Tages bemerkten die Leute in der Stadt, daß der Kirchturmhahn schief saß.
»Er wird herunterfallen«, sagten sie. »Es muß etwas geschehen.«
Da ließ der Bürgermeister eine riesige Leiter anfertigen. »Jemand muß hinauf!« befahl er.
Aber es traute sich niemand. Nicht einmal der mutige Herr Wichterich, der immer allen Leuten seine Muskeln zeigte.
»Ich gehe«, sagte da der kleine Schornsteinfeger entschlossen.
Und er rückte seinen Zylinderhut gerade und stieg die Leiter hinauf. Sechshundertfünfundachtzig Sprossen mußte er emporklettern, dann war er auf der Kirchturmspitze. Zuerst war er ja ein bißchen schwindelig, aber dann fand er es sehr schön. Weit über die Stadt konnte er sehen, bis zu den fernen Dörfern und Flüssen.
»Juchhu!« schrie der kleine Schornsteinfeger, und er machte sich an die Arbeit.
»Die Morgensonne ist das beste«, sagte da plötzlich jemand neben ihm.
»Wer spricht denn da?« fragte der kleine Schornsteinfeger erstaunt.
»Ich«, antwortete die Stimme.

Und da war es wahrhaftig der Kirchturmhahn. Er schlug mit den Flügeln und redete.
»Ich denke, du bist aus Kupfer!« wunderte sich der kleine Schornsteinfeger.
»Na und?« sagte der Hahn. »Muß ich deshalb stumm sein?«
Sie sprachen noch mancherlei miteinander, und der kleine Schornsteinfeger stellte den Kirchturmhahn wieder gerade.
»Danke schön«, sagte der Hahn. »Warte bis zum Abend, dann will ich dir etwas schenken.«
Der kleine Schornsteinfeger setzte sich auf den Rücken des kupfernen Kirchturmhahnes und blieb. Als es aber dämmerig wurde, war ihm, als erklinge eine feine Musik. Und von irgendwoher flogen drei wunderschöne Hennen herbei.
»Guten Abend«, gackerten sie, und der Kirchturmhahn machte viele, tiefe Verbeugungen.
Dann flüsterte er der dicksten Henne etwas zu.
»Ein Ei! Ein Ei!« schrie sie, und schon hatte sie eines gelegt.
Aber es war kein gewöhnliches Ei. Es war ein Ei aus purem Gold.
»Es ist für dich«, sagte der Kirchturmhahn.
Da bedankte sich der kleine Schornsteinfeger vielmals, und er stieg die lange Leiter wieder hinab.
»Wo bist du nur so lange geblieben?« fragten die Leute.
»Ich habe mit dem Kirchturmhahn gesprochen«, sagte der kleine Schornsteinfeger.
Da lachten die Leute ihn aus.
»Die Kirchturmhennen waren auch da«, fuhr der kleine Schornsteinfeger fort.
Aber die Leute lachten nur noch mehr.
»Und sie haben mir ein goldenes Ei geschenkt!« rief der kleine Schornsteinfeger ärgerlich.
Er hätte es ihnen ja zeigen können, denn er trug es in seiner Tasche. Aber plötzlich hatte er keine Lust mehr dazu. Er ging nach Hause und legte das goldene Ei unter sein Kopfkissen. Und seitdem hat der kleine Schornsteinfeger wunderschöne Träume. Alle Nächte lächelt er im Schlaf. Und wenn er morgens aufsteht, ist er glücklich.

Der kleine Schornsteinfeger und der schöne Vogel

Eines Morgens, der kleine Schornsteinfeger hatte sich eben die Zähne und die Schuhe mit zwei verschiedenen Bürsten geputzt, klopfte es heftig an der Tür.
»Herein!« rief der kleine Schornsteinfeger.
Es war Frau Grünlich.
»Kleiner Schornsteinfeger«, sagte sie, »mein Kamin ist verstopft. Die ganze Stube ist voller Qualm, und ich kann keine Suppe für meine fünf Kinder kochen.«
Der kleine Schornsteinfeger sah sich die Sache an. Und weil es wirklich sehr schlimm war, stieg er aufs Dach. Da entdeckte er auf dem Kamin der Frau Grünlich ein großes Vogelnest. Und in dem Vogelnest saß ein wunderschöner Vogel.
»Guten Morgen«, sagte der kleine Schornsteinfeger. »Ich möchte dich bitten auszuziehen. Dein Nest verstopft den Kamin.«

»Puh«, sagte der Vogel. »Ich bin der schönste Vogel der Welt, und ich wohne, wo ich will!«
»Aber die Frau Grünlich kann den Ofen nicht heizen«, erklärte der kleine Schornsteinfeger. »Und ihre fünf kleinen Kinder haben zehn kalte Füße.«
Doch das war dem Vogel gleichgültig.
Da holte der kleine Schornsteinfeger die Frau Grünlich und ihre Kinder aufs Dach, damit sie mit dem Vogel redeten. Aber der Vogel stellte sich taub.
»So gehe ich zum Bürgermeister!« rief der kleine Schornsteinfeger, und das tat er dann auch.
Der Bürgermeister setzte seine Brille auf und schrieb einen amtlichen Befehl. »Im Namen der Stadt«, schrieb er. »Der schöne Vogel soll ausziehen. Und zwar heute noch!«
Aber der Vogel zupfte das Papier kaputt und störte sich nicht daran. Vielleicht konnte er auch nicht lesen.
Jedenfalls wurden nun alle Leute in der Stadt sehr zornig. Und wenn der schöne Vogel durch die Straßen flog, ballten sie die Fäuste und schimpften ihm nach. Die arme Frau Grünlich wickelte ihre Kinder in Wolldecken ein und fütterte sie mit kalter Milch.
So konnte es natürlich nicht weitergehen. Aber niemand wußte einen Rat. Auch der kleine Schornsteinfeger nicht. Wenn er oben auf den Dächern seiner Arbeit nachging, sprach er kein einziges Wort mit dem schönen Vogel. Ja, er schaute ihn nicht einmal an.
Da geschah es eines Tages, daß ihn der Vogel am Hosenbein zupfte.
»Kleiner Schornsteinfeger«, zwitscherte er leise, »ich bin der schönste Vogel der Welt. Aber niemand bewundert mich. Und niemand hat mich lieb.«
»Das kommt, weil du ein kaltes Herz hast«, sagte der kleine Schornsteinfeger.
Da senkte der Vogel seinen Kopf und schämte sich. Noch am selben Tag ist er ausgezogen. Jetzt wohnt er im Wipfel der alten Linde. Und wenn er durch die Straßen der Stadt fliegt, winken die Leute ihm freundlich zu, sogar Frau Grünlich. Und der kleine Schornsteinfeger auch.

Der kleine Schornsteinfeger bekommt einen Orden

Der Bäcker Mehlschwitz ist ein netter Mann. Wenn der kleine Schornsteinfeger sein Brot bei ihm kauft, schenkt er ihm ein Hörnchen dazu. »Guten Appetit«, sagt er dann.
Und der kleine Schornsteinfeger sagt: »Danke schön.«
In den Nächten aber tut der Bäcker Mehlschwitz seltsame Dinge. Immer, wenn der Vollmond scheint, klettert er in seinem Nachthemd aus dem Fenster und wandert durch die Stadt. Und dann steigt er auf die Dächer und geht mit ausgebreiteten Armen dem Mond entgegen. Aber der Bäcker Mehlschwitz weiß von alledem selber nichts.
»Der Bäcker Mehlschwitz ist mondsüchtig«, tuscheln die Leute. »Man muß es ihm sagen«, meinen sie. »Sonst fällt er eines Tages noch von den Dächern hinunter.«
»Ach nein!« ruft der kleine Schornsteinfeger. »Wenn wir es ihm sagen, wird er sich furchtbar schämen, weil er immer im Nachthemd herumläuft.«
»Was sollen wir denn machen?« fragt der Bürgermeister.
»Ich werde auf ihn aufpassen«, verspricht der kleine Schornsteinfeger.
Und das tut er dann auch. In den Vollmondnächten folgt er heimlich dem Bäcker Mehlschwitz auf die Dächer. Und damit er nicht herunterfallen kann, hält er ihn an einem Nachthemdzipfel fest.
Aber der kleine Schornsteinfeger ist nicht der einzige, der auf den Bäcker Mehlschwitz achtgibt. Auch die kleinen Katzen kommen auf die Dächer und laufen dem Herrn Mehlschwitz nach. Und der riesige Uhu fliegt immer über seinem Kopf dahin.
»Wir packen ihn mit den Krallen, dann kann er nicht fallen«, miauen die Katzen.
Und der Uhu krächzt: »Ich fasse ihn beim Kragen. Zur Not kann ich ihn tragen.«
So kann also dem Bäcker Mehlschwitz gar nichts passieren.
»Der kleine Schornsteinfeger soll einen Orden bekommen«, beschließt der Bürgermeister eines Tages.

Alle Leute klatschen in die Hände, als er dem kleinen Schornsteinfeger den Orden umhängt. Nur der Bäcker Mehlschwitz fragt, für was der kleine Schornsteinfeger den Orden bekommt.
»Nur so«, sagen die Leute. »Weil er ein guter Mensch ist.« Und das stimmt ja auch.

Der kleine Schornsteinfeger bringt Glück

Immer, wenn der kleine Schornsteinfeger die Straße entlanggeht, freuen sich die Leute.
»Schornsteinfeger bringt Glück!« rufen sie, und sie fassen ihn schnell ein bißchen an, daß ihre Fingerspitzen rußig werden.
»Wie gerne würde ich ihnen Glück bringen«, denkt der kleine Schornsteinfeger, wenn er oben auf den Dächern steht.
Und er blickt hinunter und schaut zu, was die Leute so treiben.
Der Metzgermeister Hackefein ärgert sich eben, weil der Lehrjunge alle Würste versalzen hat, der Frau Grünlich ist die Suppe angebrannt, der Schuster hat irrtümlich einen Nagel verschluckt, und der Bürgermeister schimpft, weil der Wind seine Akten fortgeweht hat. Hier schreit ein Baby, weil seine Windeln naß sind, und da sitzt der kleine Peter und heult, denn er hat eben eine Ohrfeige bekommen. Die Frau Immergrün drücken die Schuhe, der Herr Hammelbein hat Schnupfen, und das schöne Fräulein Löwenzahn steht am Fenster und schluchzt und weiß nicht, warum.
»So haben sie alle ihren Kummer«, denkt der kleine Schornsteinfeger. »Ein bißchen Freude könnten sie schon brauchen. Wo kriege ich ein bißchen Freude her?« fragt er einen Vogel, der vorüberzieht. »Für die Leute?«
»Schenk ihnen ein Würmchen«, zwitschert der Vogel.
Und das gestreifte Kätzchen, das an einem Schornstein sitzt und sich putzt, meint: »Bring ihnen ein Mäuschen.«

Aber mit solchen Ratschlägen ist dem kleinen Schornsteinfeger natürlich nicht geholfen. Er steigt von den Dächern hinab und wandert durch die Stadt. Weiter und weiter geht er, tief in Gedanken versunken, bis er endlich an eine große, bunte Wiese kommt.
»Ich hab's!« schreit der kleine Schornsteinfeger. Und er pflückt neunhundertneunundneunzig Blumen, gerade so viel, daß sein Zylinderhut bis an den Rand gefüllt ist. Und mit den Blumen steigt er auf das höchste Dach der Stadt.
»Es regnet Blumen!« schreien da plötzlich die Leute.
Der Metzgermeister Hackefein denkt nicht mehr an die versalzenen Würste, der kleine Peter hört auf zu heulen, die Frau Immergrün vergißt ihre Schuhe, und das Fräulein Löwenzahn schluchzt nicht mehr. Alle rennen hinaus, um das Wunder zu erleben.
»Wie schön!« schreien sie.
Und jeder von ihnen, der ein Blume fängt, ist den ganzen Tag lang glücklich. Der kleine Schornsteinfeger aber geht über die Dächer und lächelt still vor sich hin.

Der kleine Schornsteinfeger und die Vögel

Im Mai ist es auf den Dächern am schönsten. Dann weht ein milder Wind, und der Himmel sieht aus wie Millionen Vergißmeinnicht. Unten aber dehnt sich spielzeugklein das frühlingsbunte Land.
»Oh, bin ich glücklich!« ruft dann der kleine Schornsteinfeger.
Und er wirft seinen Zylinder in die Luft und fängt ihn wieder auf.
Einmal flog an so einem schönen Tag ein Vogelschwarm herbei.
»Kiwitt!« riefen die Vögel. »Wir haben Hunger!«
»Dann kommt her zu mir«, sagte der kleine Schornsteinfeger. »Ich lade euch ein.«
Und er packte sein Frühstücksbrot aus und aß mit den Vögeln zusammen. Im Nu war alles aufgegessen.

»Danke schön«, zwitscherten die Vögel. »Flieg mit! Wir ziehen weit übers Land.«
»Ach, ich kann doch nicht fliegen«, seufzte der kleine Schornsteinfeger. »Wie gerne käme ich mit euch.«
Und plötzlich wurde er ganz traurig. Aber weil er gleichzeitig auch müde wurde, setzte er sich mit dem Rücken gegen einen dicken Kamin und schlummerte ein bißchen ein.
Da wurde ihm mit einemmal seltsam leicht zumute. Er breitete seine Arme aus und hob sich in die Luft.
»Ich fliege!« schrie er. »Wartet auf mich!«
Und er jagte hinter dem Vogelschwarm her, daß seine Rockschöße nur so flatterten. Dann zog er mit den Vögeln davon. Quer über die Stadt ging es und dreimal rund um den Kirchturm.
»Oh, wie ist es schön, ein Vogel zu sein!« rief der kleine Schornsteinfeger, als sie alle zusammen auf einer Wolke saßen und rasteten. »Was machen wir jetzt?«
»Mücken picken!« zwitscherten die Vögel.
Aber der kleine Schornsteinfeger mochte keine Mücken. Er hätte viel eher Appetit auf einen Schokoladenpudding gehabt. Weiter und weiter flogen die Vögel, bis sie unter eine große Regenwolke gerieten. Aber während die Vögel die Regentropfen einfach aus ihren Federn schüttelten, wurde der kleine Schornsteinfeger pitschenaß.
»Was machen wir jetzt?« rief er kläglich.
»Wir fliegen übers Meer«, antworteten die Vögel, »in ferne Länder.«

Da dachte der kleine Schornsteinfeger an sein Zuhause, und an die Dächer dachte er auch. Und er wäre gerne umgekehrt. Aber die Vögel schrien »komm mit«, und so folgte er ihnen. Weit hinaus ging es, übers Meer, und die riesigen Dampfer sahen wie Papierschiffchen aus. Nach und nach aber wurde der kleine Schornsteinfeger so müde, daß er immer ein bißchen tiefer sank. Längst waren die Vögel weitergezogen.
Der kleine Schornsteinfeger aber schwebte hinunter auf ein weißes Segel und ruhte sich aus. Er schlief und schlief und schlief. Und als er endlich aufwachte, saß er auf seinem Dach mit dem Rücken gegen den Kamin.
»Wie gut, daß ich wieder da bin«, dachte der kleine Schornsteinfeger, und er fand das Leben schöner als je zuvor.

Der kleine Schornsteinfeger und das Äffchen

Eines Tages kam ein Zirkus in die Stadt. Vor die bunten Wagen waren Pferdchen mit wilden Mähnen gespannt, und aus einem vergitterten Fenster schaute der Löwe heraus. Am Schluß des Zuges trotteten ein großer und ein kleiner Elefant. Und auf dem Rücken des kleinen Elefanten hockte ein Äffchen. »Tut tut, Tara!« trompetete der Zirkusdirektor. »Der Zirkus ist da!«
Genau in diesem Augenblick wurde das Äffchen übermütig. Es sprang vom Rücken des Elefanten und lief in die Stadt. »Haltet das Äffchen!« schrien die Leute und rannten hinterher. Das Äffchen aber kletterte eine Feuerleiter empor und verschwand auf den Dächern.
»Jetzt kann nur der kleine Schornsteinfeger helfen«, sagten die Leute, und sie gingen, ihn zu holen. »Er kennt sich da oben aus.«
Der kleine Schornsteinfeger aß eben Himbeermarmelade mit dem Löffel. Aber als er hörte, was passiert war, setzte er seinen Zylinderhut auf und kam sofort mit.

Er stieg auf die Dächer und begann zu suchen. Aber er konnte kein Äffchen entdecken.

»Äffchen«, rief der kleine Schornsteinfeger endlich, »wo bist du?«
»Hier!« schrie das Äffchen, und es schaute hinter einem Kamin hervor. »Fang mich!«
Der kleine Schornsteinfeger machte ein paar riesige Sätze, aber das Äffchen war schneller.
»Fang mich!« rief es aus der Dachrinne empor. Da setzte sich der kleine Schornsteinfeger auf seinen Hosenboden und rutschte hinab. Doch als er ankam, war das Äffchen schon fort. Es saß hoch oben auf einer Fernsehantenne.
»Fang mich!« lockte es.
Der arme kleine Schornsteinfeger kletterte, hüpfte und lief. Aber er erwischte das Äffchen nicht. Von einem Dach auf das andere sprang es, und der kleine Schornsteinfeger hatte große Mühe mitzukommen.
Es dämmerte schon, und langsam senkte die Nacht ihr schwarzes Tuch über die Stadt. Da wurde der kleine Schornsteinfeger müde. Und weil er nicht ohne das Äffchen hinabsteigen wollte, setzte er sich mit dem Rücken an einen Kamin und schlief ein.
»Ich kriege dich schon!« murmelte er im Traum. »Ich kriege dich schon!«
Dem Äffchen fielen auch die Augen zu. Aber der kühle Nachtwind fegte über das Dach, und da begann es zu frieren. Es schlich sich vorsichtig an den kleinen Schornsteinfeger heran. Und als es sah, daß er die Augen fest geschlossen hielt, kuschelte es sich schnell in seinen Arm und schlief ebenfalls ein.
Als die Eule ihre nächtlichen Kreise zog, hat sie sich über die beiden sehr gewundert.
Der kleine Schornsteinfeger aber traute am anderen Morgen seinen Augen kaum. Hatte er doch im Schlaf das Äffchen gefangen! Er trug es zurück zum Zirkusdirektor, und der hat sich so gefreut, daß er eine Sondervorstellung gab. Alle Leute durften umsonst in den Zirkus! Und der kleine Schornsteinfeger saß in einem roten Polstersessel in der Mitte der ersten Reihe.

Der kleine Schornsteinfeger und das Kätzchen

Eines Tages herrschte große Aufregung in der Stadt.
»Seht nur!« riefen die Leute, »Bommels weiße Miezekatze sitzt in der Dachrinne!«
Und weil Bommels Haus das größte in der Stadt ist, saß das Kätzchen so hoch oben, daß man es eben noch erkennen konnte.
»Wie ist sie nur dahin gekommen?« fragte der Herr Fischlein.
»Das ist völlig gleichgültig«, meinte das Fräulein Rosenrot. »Jedenfalls kann sie nicht mehr herunter.«
Und die Frau Bommel rang die Hände und stöhnte: »O große Not!«
»Es muß etwas geschehen!« sagte der Herr Eberohr, der immer sehr entschlossen ist.
Und er ging zur Feuerwehr und borgte sich die längste Leiter. Aber die längste Leiter war noch viel zu kurz, und der Herr Eberohr konnte das weiße Kätzchen nicht erreichen.
»Was sollen wir nur tun?« fragten sich die Leute, und weil sie es nicht wußten, seufzten sie alle miteinander.
»Der kleine Schornsteinfeger muß helfen!« fiel es da jemandem ein, und sie gingen, ihn zu holen.
Der kleine Schornsteinfeger sang eben ein Lied.
»Ich kann die dritte Strophe auch später singen«, meinte er, und er setzte seinen Zylinderhut auf und kam mit.
Er kletterte durch die Luke auf Bommels Dach und schaute auf das Kätzchen hinunter.
»Komm«, lockte er. »Komm!«
Aber das Kätzchen schloß seine Augen, denn ihm war furchtbar schwindelig. Und weil das Dach sehr steil war, konnte der kleine Schornsteinfeger auch nicht zu dem weißen Kätzchen hinab.
»So geht es nicht«, erklärte er den Leuten. Und er schaute in seinen Zylinder und dachte nach.
»Ich hab's!« rief er endlich. »Wenn alle mitmachen, können wir Bommels weiße Miezekatze retten. Wir bauen eine Pyramide!«

Da stellten sich der Bürgermeister und die Stadträte unten auf. Sie waren nämlich die Dicksten in der Stadt. Zehn weitere dicke Leute kletterten auf ihre Schultern, unter ihnen der Metzgermeister Hackefein und die Frau Bommel. Dann stiegen die nächsten zehn hinauf, die waren schon etwas leichter, und so ging das weiter.
Die Pyramide wuchs und wuchs. Manchmal wackelte sie auch gewaltig, und das ist ja kein Wunder, wenn man bedenkt, daß die Leute normalerweise mit den Füßen auf der Erde stehen.
»Es wird ein Unglück geben!« schrie das Fräulein Rosenrot, und sie bohrte ihre hohen Absätze dem Herrn Eberohr tief in die Schultern.
Aber es gab kein Unglück. Der dünne Herr Wipperich stieg empor, und als letzter erklomm der kleine Schornsteinfeger die Pyramide.
Und tatsächlich war die Pyramide gerade so hoch, daß er, als er sich auf die Zehenspitzen stellte, das weiße Kätzchen fassen konnte.
Er nahm es fest in seine Arme und trug es hinab.
»Hurra!« riefen die Leute, als sie wieder auf dem Boden standen. »Der kleine Schornsteinfeger lebe hoch!«
Und Bommels weiße Miezekatze schrie vor lauter Freude mit.

Der kleine Schornsteinfeger und der Fremde

Manchmal geschieht es, daß sich der kleine Schornsteinfeger auf den Dächern ein wenig allein fühlt.
»Wie nett wäre es, wenn jemand da wäre, mit dem ich sprechen könnte«, denkt er sich. »Schau nur, wie blau der Himmel ist, würde ich sagen. Und wie schwarz die Schornsteine.«
Aber es war niemand da. Bis eines Tages etwas Überraschendes passierte. Auf dem großen, flachen Dach vom Kaufhaus Talmi landete ein Flugzeug. Es war ein kleines Flugzeug, und es sah müde aus.
Natürlich lief der kleine Schornsteinfeger sofort hin, und er sah, wie aus dem Flugzeug ein Mann ausstieg.

»Guten Tag«, sagte der kleine Schornsteinfeger.
»Tokaja hudi«, antwortete der Mann.
Er war nämlich ein Ausländer.
»Macht nichts!« meinte der kleine Schornsteinfeger. »Schau nur, wie blau der Himmel ist!«
Da legten sie beide die Köpfe in den Nacken und blickten hinauf.
»Und wie schwarz die Kamine«, sagte der kleine Schornsteinfeger.
Und sie beugten sich beide tief in die Kamine hinab, und als sie wieder hervorkamen, war der fremde Mann ebenso schwarz wie der kleine Schornsteinfeger.
»Nun bist du mein Freund«, lachte der kleine Schornsteinfeger, und der fremde Mann nickte und sagte: »Tik.«
Es war sehr schön. Aber leider blieb es nicht so. Weil nämlich sehr selten ausländische Gäste die Stadt besuchen, lud der Bürgermeister den fremden Mann ein herunterzusteigen. Alle Leute schüttelten ihm die Hand, und manche schenkten ihm Tulpen und Vergißmeinnicht.
Der kleine Schornsteinfeger aber stand irgendwo im Hintergrund und kam nicht mehr an seinen Freund heran. Am Abend gab es dann ein richtiges Fest. Der Bürgermeister hielt eine Rede, und der Fremde bekam einen Orden umgehängt. Schließlich war er als erster mit einem Flugzeug auf dem Kaufhaus Talmi gelandet. Viele, viele Leute waren da. Aber immer, wenn der fremde Mann unter der Menge den kleinen Schornsteinfeger erblickte, zwinkerte er ihm zu. Und der kleine Schornsteinfeger zwinkerte zurück.
»Er hat mit mir in den Himmel geschaut und in die Kamine«, dachte er. »Er ist mein Freund.«
Die ganze Nacht wurde in der Stadt gefeiert. Am anderen Morgen aber ist der fremde Mann wieder in sein Flugzeug gestiegen. Der kleine Schornsteinfeger stand schon auf der Straße. Da kreiste das Flugzeug dreimal über seinem Kopf, und das hieß soviel wie »Auf Wiedersehen« und »Ich vergesse dich nicht«.
Der kleine Schornsteinfeger aber winkte mit beiden Armen.
»Tokaja hudi!« rief er. »Tokaja hudi!«
Bis das Flugzeug in der Ferne verschwunden war.

Erstmals veröffentlicht in der Reihe »Ravensburger Taschenbücher«,
Band 71 und 111: »Sandmännchen erzählt«
Gesamtausstattung: Pepperl Ott, München

Printed in Italy by Carlino, Bologna
15 14 13
(die letzte Zahl gibt die Auflage an)
ISBN 3 473 37305 2